U0932955

Sternstunden der Menschheit

人类的群星闪耀时

[奥] 茨威格◎著　麦　芒◎译

天津出版传媒集团
天津人民出版社

图书在版编目（CIP）数据

人类的群星闪耀时 / (奥) 茨威格著 ; 麦芒译.
-- 天津 : 天津人民出版社，2017.2
ISBN 978-7-201-11446-0

I. ①人… Ⅱ. ①茨… ②麦… Ⅲ. ①历史人物—列传—世界 Ⅳ. ①K811

中国版本图书馆CIP数据核字（2017）第034863号

人类的群星闪耀时

REN LEI DE QUN XING SHAN YAO SHI

出　　版　天津人民出版社
出 版 人　黄　沛
地　　址　天津市和平区西康路35号康岳大厦
邮政编码　300051
邮购电话　（022）23332469
网　　址　http: //www.tjrmcbs.com
电子信箱　tjrmcbs@126.com
责任编辑　刘子伯
印　　刷　北京欣睿虹彩印刷有限公司
经　　销　新华书店
开　　本　880×1230毫米　1/32
印　　张　10
插　　页　6
字　　数　320千字
版次印次　2017年2月第1版　2019年8月第3次印刷
定　　价　32.80元

All wise figures in the world can always map out a strategy to gain a decisive victory a thousand miles away. The miracle in a miracle is: the whole fleet went over the mountains successfully.

(P21)

Only at the moment when he could play musical instruments and compose again, Handel knew that he really recovered at last.

(P79)

Once again, Napoleon was on his white mare and made a full review along the front line prior to the battle. (P129)

WHAT hope of once more meeting is there now
In the still-closed blossoms of this day?
Both heaven and hell thrown open seest thou;
What wav'ring thoughts within the bosom play (P151)

Scott British
Royal Admiral
(P265)

Intelligence agents don't realize that one, who is not talkative , has his nose in a book and is never tired of studying, is often the dangerous figure bringing change to the world. (P292)

前　言

斯蒂芬·茨威格（1881—1942）是奥地利著名作家，善于运用各种文学体裁进行创作，写过诗、小说、戏剧、文论、传记等，以描摹人性化的内心冲动，如“骄傲、虚荣、妒忌、仇恨”等朴素情感著称，煽情功力十足。茨威格从20世纪20年代起，“以德语创作赢得了不让于英、法语作品的广泛声誉”。茨威格对心理学与弗洛伊德学说感兴趣，作品擅长细致的性格刻画，以及对奇特命运下个人遭遇和心灵的热情的描摹。其作品在世界范围都有着经久不衰的魅力，被公认为世界上最杰出的中短篇小说家之一。他没有德国作家故弄玄虚的通病，没有玩深沉的“哲理思考”，也没有为卖弄渊博而故意生造出来的古怪词句。茨威格这种纯正真切平易近人的风格，是他赢得读者的主要原因。在广大读者心目中，茨威格既是个杰出的艺术家，又是个能给人以慰藉、启迪的朋友。他的主要作品有《人类的群星闪耀时》《异端的权利》《巴尔扎克》《三作家》《一个陌生女子的来信》《象棋的故事》《昨日的世界》等。

《人类的群星闪耀时》由两大部分组成。第一部分为《人类命运攸关的时刻》，所写的诸如拜占庭的陷落、天才的《马赛曲》作者、拿破仑的滑铁卢之战、飞越大洋、列宁的一段曲折路等，都引人入胜，扣人心弦；第二部分为《麦哲伦—— 一个人和他的事业》，写的是葡萄牙伟大的航海家麦哲伦和他一生的航海事业，真人真事，而又有所升华，让人详尽而又准确地把握了麦哲伦的一生及其所处的那段历史。《人类的群星闪耀时》不同于一般的人物传记的是，作者不是纵向展开历史人物的生平，而是横向截取人物生命中的那些“关键时刻”——决定一个人的生死、一个民族的存亡甚至整个人类的命运的时刻。作者的笔在时空经纬间行云流水地穿梭，意在构成一副让后人高山仰止的人类群星闪耀图。

目录 Contents

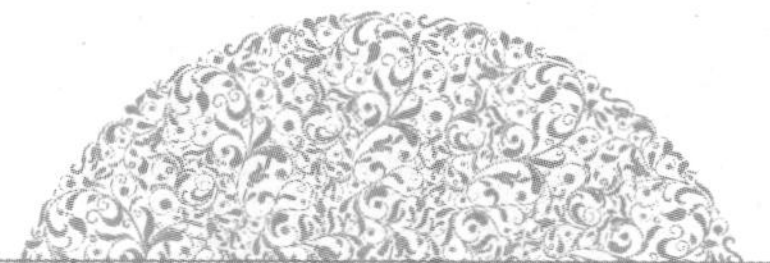

拜占庭的陷落

公元395年，统一的罗马帝国分裂——以君士坦丁堡为首都的东罗马帝国和以罗马为首都的西罗马帝国。君士坦丁堡是古希腊的移民城市拜占庭的旧址，所以东罗马帝国又称拜占庭帝国，君士坦丁堡又称拜占庭。15世纪中叶，东罗马帝国内外交困，绝大部分领土被新兴的奥斯曼帝国占领，只剩下首都君士坦丁堡这座四面受围的城市。国内政治纷争不断，连年混战，经济凋敝，岁收锐减，东罗马帝国已处于风雨飘摇之中……

危在旦夕

1451年2月5日，小亚细亚，苏丹穆拉德三世的长子——21岁的穆罕默德得到密使报告的他的父亲去世的消息。这位精明果断的皇太子与自己的大臣和谋士未交一言，便一跃跨上坐骑中最好的一匹纯种良马，挥鞭纵马，一鼓作气跑完120里。到达博斯普鲁斯海峡后立即渡海，直到抵达欧洲一岸的加利波里，他才向自己的亲信透露父亲去世的消息。为了事先断绝其他任何企图染指王位者的念头，他调集一支精锐军队前往亚得里亚堡，而在那里，实际上他没有遭到任何反对就被确认为奥斯曼帝国的最高统治者。随后，穆罕默德所采取的第一个政治行动，就把他那肆无忌惮的魄力诠释得淋漓尽致，简直让人感到恐怖。为了预先铲除掉所有嫡亲的竞争对手，他指使人把自己尚未成年的弟弟淹死在浴池里，随即把那个被他逼迫着干了这件事的凶手害死——由此可见他的阴险狡诈和残忍本性。

至此，这位年轻、狂热、热衷功名的穆罕默德取代了性情较为沉稳的穆拉德，成为土耳其人的苏丹。消息传来，拜占庭人惊恐莫名。因为他们从数以百计的密探那里知悉，这个野心家曾发誓要占领这座世界古都，尽管他很年轻，却处心积虑日夜谋划实现他此生的伟业；同时，所有的报告都达成一个共识：这位新的土耳其君主具备非凡的军事才能和外交才能。穆罕默德身具双重性格，他既虔诚又残酷，既热情又阴险，既是个博学的、热爱艺术、能用拉丁文阅读恺撒大帝及其他罗马伟人传记的人，又是个嗜杀成性、心狠手辣的人。他有一双满含忧郁的漂亮眼睛，有着尖尖的鹰钩鼻，从他的外貌看，既像一个勤劳不倦的工匠，又像一个勇于拼命的士兵，当然，他更像一个寡廉鲜耻的外交家。现在，所有这些可怕的能量都聚集在一个目标上：即要绝对超越他的祖父巴耶塞特一世和他的父亲穆拉德二世所建立的功勋——这两个人曾让欧洲第一次领教了新兴土耳其国家的强大军事力量。不过，他的首要目标是占领拜占庭城——这颗镶在君士坦丁和查士丁尼王冠上最后的宝石——所有的人都清楚地意识到了这一点。

其实，此时的拜占庭，对这个野心勃勃的人而言，早已是一颗没有任何保护的宝石，得到它易如反掌。过去的拜占庭帝国，也即东罗马帝国的版图曾一度覆盖世界几个大洲，从波斯到阿尔卑斯山脉，再从另一方伸展到亚洲的沙漠地带，即使走上几个月，也难以穿越全境，堪称一个世界帝国，如今只要步行3个小时便可轻松走遍整个国家。昔日的拜占庭帝国如今只剩下一个可怜巴巴没有躯体的头颅、一个没有领土的都城——君士坦丁堡，亦即君士坦丁之城、古时的拜占庭城；况且，今日东罗马皇帝所拥有的，已非往昔的拜占庭城，只是它的一部分而已，即仅限于市区。因为城郊的加拉太已属热那亚人所有，城墙之外的所有土地也都已被土耳其人占领，这个帝国的最后一位皇帝仅拥有一块弹丸之地了。

所谓的拜占庭，只不过是被教堂、殿宇和一排排的房屋所环绕着的、巨大城墙之内的一方天地。由于遭受十字军的洗劫和毁坏，这座城市已元气大伤；兵灾、瘟疫使得城内人口骤减；因连年抵御游牧民族的侵袭而精疲力竭；加上内部因民族和宗教的争端而四分五裂。这样一座城市面临着早已装备精良的从四面包围过来的敌人，它根本无力自卫，既无兵员又无勇气，眼看拜占庭的末代皇帝君士坦丁十三的宝座摇摇欲坠，他头顶皇冠的命运难以预料。然而，正是由于拜占庭已被土耳其人围困，也正是因为它荟萃了整个西方世界几千年来古老的共同的文化而被奉为圣地，它才成为欧洲荣誉的象征；只有当整个基督教世界联合起来共同保卫它在东方的这个最后的、濒于崩溃的堡垒，东罗马帝国最后和最为富丽堂皇的东正教教堂——圣索菲亚大教堂，才能作为信仰基督的教堂而继续存在。

君士坦丁十三马上意识到即将面临的危险。尽管穆罕默德散布和平的舆论，但他仍然心怀不安，惊惶地向意大利、教皇、威尼斯、热那亚派去一个又一个使节，请求他们派来大战舰和士兵。然而罗马却举棋不定，威尼斯也如此。因为东派教会和西派教会之间的分歧由来已久，而且至今仍然存在。希腊正教仇视罗马教会。希腊正教的牧首拒绝承认罗马教皇是最高牧师。虽然在斐拉拉和佛罗伦萨的两次会议上，由于要共同面对土耳其人的威胁而决定两教会重新统一，但是当拜占庭的危机稍解时，希腊教的一些教会又开始悔约。直到现在，穆罕默德成为土耳其的苏丹，万分危急的形势才使东正教放弃了固执，拜占庭在向罗马传达自己顺从的信息的同时，紧急要求支援。于是，一艘艘大战船开始装备弹药和士兵。不过，一艘帆船先载来了罗马教皇的使节，他是来完成向西方两个教会宣布和解的神圣使命，并且向世界宣布：谁攻打拜占庭就意味着向整个基督教世界挑战。

和解的弥撒

那是12月的一天，富丽堂皇的圣索菲亚大教堂——当日绚烂多彩的基督教建筑，那由大理石和玻璃巧妙镶嵌的图案，庄严显赫的场景是后来者永远无法从由它改成的清真寺想象出来的。教堂里正举行盛大的活动庆祝两派的和解，在帝国所有显贵人物的簇拥下，君士坦丁皇帝出席了这个庆典。他要以帝王的身份成为这次两派和解永不分裂的最高见证者和保证人。宽敞的大厅里灯烛辉煌，挤满了人。罗马教廷的使节伊斯多鲁斯和希腊正教的牧首格列高利在圣坛前如兄弟般一起做着弥撒。在这座教堂里首次提到教皇的名字；首次同时用拉丁语和希腊语唱起虔诚的赞美诗，歌声缭绕在这座永恒的主教堂的拱顶间。在这庄严的时刻，已经和解的两派教士列队把施匹利迪翁的圣体郑重地抬了进来，看来，东西两派的宗教信仰将从此永结同好。整个欧洲的观念，亦即西方精神，经过漫长岁月的罪恶纷争，终归一致。

然而，在历史上，理智与和解的时刻从来都是短暂易逝的。正当共同祷告的声音在教堂里愈来愈洪亮时，那位博学的修道士盖纳蒂奥斯已在外边的修士室里言辞激烈地指责起来，他声称那些讲拉丁语的人背叛了真正的信仰。盲目信仰的狂热轻易地毁掉了刚刚由理智撮合而成的和平，而且正如这位希腊教士不想真正屈服一样，地中海另一端的朋友们也并不想提供他们承诺的援助。虽然向拜占庭派去了几艘战船和几百名士兵，但随后还是把这座城市丢给命运摆布了。

战争开始

所有准备发动战争的强权统治者都一样，当他们的准备工作还未完全就绪之前。总是竭尽所能地散布和平论调。穆罕默德也是如此。在接见前来参加自己加冕典礼的君士坦丁皇帝的使团时，他说尽了极其友好令人宽慰的话；他郑重其事地向真主及其在世的代言人穆罕默德教祖、向天使们和《古兰经》公开起誓：他会忠诚信守与拜占庭皇帝签订的所有条约。但与此同时，这个背信弃义的家伙却又与匈牙利人和塞尔维亚人达成了一项为期三年的双边中立协定——他要使自己在这三年内不受干扰地拿下拜占庭。穆罕默德要在信誓旦旦地做出足够的和平许诺后，选择一个恰当的时机挑起战争。

到这时为止，土耳其人只拥有博斯普鲁斯海峡的亚细亚一岸，拜占庭的船只仍能畅通无阻地穿过海峡驶进黑海到达自己的粮仓。穆罕默德要切断这条通道，因此，他不需要任何借口，便下令在海峡的欧洲一岸——鲁米里·希塞尔附近海峡最狭窄的地段，建立一个要塞（古代波斯人威震四方时，其勇士薛西斯即在此渡过海峡）。于是一夜之间，欧洲这一岸聚集了成千上万的土方工人。按照条约规定，欧洲一岸是不允许修筑工事的——但，对强权者而言，条约不过是废纸一张。为了生活所需，这些工人把附近的庄稼劫掠一空；为了取得筑城堡用的石块，他们不仅拆毁了民房，而且还拆毁了著名的圣米迦勒教堂。土耳其苏丹亲自督管这项昼夜不歇的要塞建筑工程，而拜占庭只能眼睁睁地看着土耳其人背弃公理和条约，切断了它通向黑海的这条自由通道。想通过这个迄今还是公海的第一批船只已在和平的法衣下遭到了炮击：在首次耀武扬威之后，伪装显得多余和不必要了。

1452年8月，穆罕默德召集他的文武官员，公布了自己进攻和占领拜占庭的计划。宣告没多久，野蛮行动上演了：被派往土耳其境内四面八方的传令官们征召来了能进行战斗的人。1453年4月5日，如潮水般涌来的一支弥望无边的奥斯陆帝国的军队突然出现在拜占庭城墙之外的平原上。

土耳其苏丹身着华丽的戎装，骑马走在部队的最前面，他要在吕卡斯隘口前扎营驻寨。但在他的部下在统帅部前升起帅旗之前，他先让人将祈祷用的地毯铺在地上，跣足跪拜于地，面向麦加三叩头；身后是他成千上万的部下，众人同苏丹一起面向同一方向叩头，节奏一致地向真主念着一致的祷告，祈求真主赐予他们力量和胜利——那场面十分壮观。然后苏丹站起身来，谦卑者又变成了挑战者，真主的仆人又变成了主人和斗士。此时，他手下负责传谕的差役，即“传令兵”们，匆忙走遍整个营地，战鼓已敲起来，军号已吹响，所有这一切即是在宣告：“攻占拜占庭的战斗已经开始。”

城墙和大炮

目前，拜占庭唯一可依靠的力量，只有城墙了。往昔的拜占庭，其版图曾覆盖几大洲，而如今，那伟大而辉煌的时代留给今天拜占庭唯一的遗产，只有它的城墙，仅此而已。

这座城市呈三角形，其底部有三道防线，它的两条斜边，即沿着马尔马拉海和金角湾的岸边，是较为低矮且始终十分坚固的石头城墙，而面向大片开阔地那一面，则是一座巨大的壁垒式城墙，亦即所谓的狄奥多西城墙。在狄奥多西之前的君士坦丁对拜占庭未来的危机早有预见，因而用大块方石围城一周，在他之后的查士丁尼又扩建和加固了城墙。而真正建筑了主体防御工事的则是狄奥多西二世，他所建筑的城墙达七公里长。如今覆盖着常春藤的遗迹足可证明当年石块坚固的力量。这座城墙由平行的两层和三层组成，气势恢宏，城墙上有凹形观望口和雉堞，前面有护城墙，并有方石垒就的坚固的望楼。

一千多年来，历代皇帝都要加固和重修城墙，因而它也就成为不可攻克的标志。这些石筑的壁垒曾不屑于蛮族部落潮水般的冲击以及土耳其人的人海战术，如今它仍然不屑于那些迄今为止所发明的一切战争工具。攻城用的撞槌撞到墙上，它岿然不动；罗马式的攻城槌及新式的野战炮和臼炮也无济于事，这座狄奥多西城墙，使君士坦丁堡拥有其他欧洲城市难以匹敌的完备而坚固的保护。

现在，穆罕默德比任何人都了解这座城墙，知晓它的威力。几个月来，或者说几年来，他苦思冥想，做梦都在琢磨如何拿下这座不可攻克的城市、摧毁这固若金汤的城墙。他的桌上堆满各种图样、量尺、敌方工事的图纸。他清楚城墙内外的每一处山丘、每一块洼地、每一条水流。他和他的工程师们一起将每个细节都考虑得周密详尽，然而结果令他们十分失望，所有人的计算结果都证明：使用现有的臼炮根本无法撼动狄奥多西城墙。

也就是说，必须制造更具威力的臼炮！即必须制造出一种比迄今在战争中所使用的火炮的炮筒更长、射程更远、威力更大的火炮！而且必须用坚硬的石头制造一种比现有的石弹更重、更具攻坚力和摧毁力的弹头！要攻克这座难以接近的城墙，除了发明一种新火炮，别无他法，穆罕默德下了决心，要不惜一切代价制造出这种新式进攻武器。

不惜一切代价——这就意味着要唤起无穷的创造力和推动力。因此，宣战后不久，一个名字叫乌尔巴斯，或者奥尔巴斯的男子来到苏丹的面前，他是当时世界上最富创造力并且经验最丰富的铸炮能手。这个匈牙利人虽然是基督教徒，而且不久前还刚刚为君士坦丁皇帝效力过，但是他期望能为穆罕默德效劳，以使自己的技艺获得更高的酬劳并且赢得举世无双的荣誉。他声称，如果能给他提供不受限制的资金，他就能铸造出一种迄今为止世上无可匹敌的最大火炮。他如愿以偿了。正如任何一个执迷一念的人一样，穆罕默德已不再计较金钱，他立刻允诺，要多少工人便给他多少工人，并派出数以千计的车辆，把矿砂运到亚得里亚堡。铸炮工人连续作战三个多月，一个采用秘密淬火方法制成的黏土模坯已成型，只待用火红的铁水来浇铸了。这道激动人心的工序也获成功。大炮终于铸成了，从模具中脱坯而出并进行了冷却的是迄今为止世界上最大的炮筒。不过，在进行首次发射试验前，穆罕默德先派他的传令兵们走遍全城，提醒那些怀孕的妇女当心。然后，随着一声惊天动地的巨响，一颗硕大的石弹闪电般从发光的炮口射出，瞬间击毁了一堵城墙。穆罕默德即刻下令：用这种超大型火炮装备全体炮兵。

这门巨大的“掷石器”——希腊的著述家们后来才心有余悸地称其为大炮——看来已制造成功。不过，他们又面临一个新的难题：如何把这种巨型怪物拖过整个色雷斯，运到拜占庭的城墙下呢？于是，一场史无前例的艰难搬运工作开始了。经过全民动员、全军动员，历时两个多月，才把这脖长身硬的庞然怪物拖来。先遣部队是一队在前面巡逻开道的骑兵，以防备这宝物遭袭，随后是数百，或许数以千计的土方工人日夜不停地挖土、运土来填平凹凸不平的道路，这些道路不久又会面目全非。分列两行的50对公牛拉动一辆有防御设备的巨车，金属炮筒的重量被均匀地施加在巨车的所有轮轴上——正如过去把方尖塔由埃及运往罗马一般。还有200名壮劳力一直在两边扶着这个因自身重量过大而摇晃不已的炮筒；同时还有50名车匠和木匠不间歇地忙着更换滚木、给滚木涂润滑油、加固支架、搭建桥梁。众所周知，这么庞大的一支运输队伍只能以极慢的速度，如老牛挪步似的越过山岭和草原。好奇的村民聚集在村口看这铁铸的怪物经过，他们划着十字，因为这东西像战神一样被他们的仆人和教士从一个国家运往另一个国家。

接着，没过多久，又有几个出自同一模坯里的铁铸怪物，以同样方式从人们眼前被拖了过去——人的意志再次将不可能的事情变成可能。如今已有20或30个这类庞然怪物将黑色的大口伸向拜占庭；至此，重炮队被载入战争的史册。东罗马帝国的千年城墙与新苏丹的新大炮之间的对峙与较量揭幕了。

再次寄予希望

巨炮在隆隆巨响中顽强地、缓慢持续地吞噬着拜占庭的城墙。最初，每天只能发射六七次，但苏丹总能看到新的进展。每击中一炮，便见尘土弥漫，碎石乱飞，随着这座石头壁垒噼里啪啦地塌掉，一个新缺口又出现了，即便被困在城中的人在夜里用那些愈来愈凑合的木栅栏和亚麻布团重新堵住洞口，但它毕竟与过去那座未有损伤、坚固无比、可以躲在它后面进行抵御的城墙不可同日而语。现在，那躲在城墙后面的八千人的军队一想到决战时刻迫近便惊恐莫名，到时候，穆罕默德的15万军队将会对这座已千疮百孔的壁垒发动决定性的攻击。

千钧一发的时刻到了。该是欧洲世界、整个基督教世界践诺的时候了。城里成群的妇女带着她们的孩子整日跪在教堂里向装有圣人遗骨的木匣祈祷；士兵们则在每个瞭望塔上日夜张望：期待着在这片到处游弋着土耳其人船只的马尔马拉海上能见到教皇和威尼斯的增援舰队。

4月20日夜里3点，远方终于有船帆出现，他们马上发出了灯光信号，虽然并不是想象中从基督教世界派来的强大舰队，但那乘风破浪、徐徐驶来的毕竟是三艘巨大的热那亚船，后面还跟着一艘较小的拜占庭运粮船，它挤在三艘大船之间以获得它们的庇护。君士坦丁堡里的人们倾城而出，聚在临海一面的城墙上，准备欢迎援兵的到来。与此同时，穆罕默德也离开自己朱红色的大帐，跃马驰向停泊着土耳其人舰队的港口，下令要不惜一切代价阻止这些船只驶进金角湾，驶进拜占庭的港口。

顿时，海面上有几千副木桨哗哗地响起来，土耳其的舰队拥有150艘战船——虽然船身略小点。这150艘备有铁爪篙、掷火器、射石机等设备的三桅帆船一齐驶向那四艘大橹战船。但借风势而行的四艘大船的速度远远超过那些装备着武器并不断叫骂的土耳其船只。四艘鼓满风帆的大船不慌不忙地行驶着，对这些进攻者不以为然。在拜占庭城区和加拉太之间有条可使它们免遭进攻和袭击的著名铁链在封锁着海口，所以，它们要驶向金角湾的安全港口。现在，四艘大船离目的地已是近在咫尺，城墙上的几千人甚至已能辨清船上的每张面孔。男人女人们都跪下来，感谢上帝和圣徒们使他们得到光荣的拯救；港口的铁链锒铛作响，已在放下来，准备迎接这几艘增援船只。

就在这时，一件可怕的事情发生了。风忽然停了，四艘大船如同被磁石紧紧吸住了似的停在了海面上，距可予以救援的港口仅仅几箭之遥。于是，敌人狂声欢呼着划动船桨，所有的战船如猎犬般扑向这四艘瘫痪了的大船。而大船却如同四座塔楼凝固在海面上，纹丝不动。16条桨艇像一群猎犬似的紧紧咬住大船。这些小船们用铁爪篙勾住大船两侧，用刀斧猛砍，企图弄沉它们，而且有愈来愈多的人爬上锚链，向帆篷投掷火炬和燃烧的柴木，企图烧毁船只。土耳其舰队的司令官果断下令，让自己的旗舰冲向那艘运粮船，从侧面撞伤它。眼下，两艘船已如角力士般缠在了一起。虽然一开始热那亚水兵因有头盔的保护还能从居于高处的甲板上抵御那些攀登者。但是这场力量悬殊、寡不敌众的较量很快就会结束，热那亚的船必败无疑。

对城墙上几千人来说，这个场面非常恐怖！这些平日里在古希腊战车竞技场上兴趣盎然地观看血腥搏杀的人，现在却怀着无比的悲痛观望着这场海面上的较量，他们已预料到自己这一方难以避免的失败结局，至多还有两小时，这四艘船即会在这大海竞技场上被敌人的猎犬击溃。救援者虽然来了，但纯属徒劳！君士坦丁堡城墙上的希腊人绝望地看着离自己仅仅几箭之地的弟兄们，却是无能为力，不能前去帮助来救援自己的人，只能气急败坏地站在那里握紧拳头狂喊。有些人做出各种鼓劲儿姿势来激励那些正在战斗的朋友们，另一些人举起双手向着苍天，呼唤起基督和大天使米迦勒来，呼唤起他们教派里所有的圣者和多年来曾保佑过拜占庭的僧侣的名字，祈盼能出现奇迹。

而在对面的加拉太岸边的土耳其人也同样在期待、呼喊，以同样的情绪来祈祷自己这一方的获胜：大海已变成舞台，海战成为斗士的表演。苏丹已策马赶来，围绕着他的是一群高级将领。他催马奔至海滩的水中，以至溅湿了上衣。他用双手合成传声筒，用暴怒的语气命令自己的士兵不惜任何代价拿下这些基督徒的船只。当他看到自己的三桅战船中的一艘被击退回来时，他就不停地叱责，并挥舞那柄弯刀，威胁自己的海军司令："如果失利，你就别活着回来。"

虽然那四艘基督教徒的船只还依然停在那里，但毫无疑问，战争已近尾声，从四艘大船上向土耳其人的三桅战船还击的石弹已开始稀稀落落。在与50倍于自己、兵力占优势的敌人激战几个小时后，水手们已是筋疲力尽。太阳已西沉，白昼快要结束了。虽然现在这四艘大船还没有被土耳其人占领，但至少还有个把小时要这样毫无防御地暴露于敌人面前，并不断被水流冲往加拉太后面由土耳其人占领的岸边。休矣，休矣，休矣！

但此刻，又一件出人意料的事情发生了。对拜占庭城上的那群绝望哀号、怒气冲天、叫苦不迭的人来说，这简直是奇迹。一阵微风轻轻吹来，而且愈来愈大，那四艘委顿的船帆霎时鼓得又大又圆。风，祈盼已久的风，竟然出现了。猛然间，风鼓满帆，四艘大战舰的船头高傲地昂了起来，忽然启动的船只冲出了四周敌船的围困，它们自由了，他们得到了拯救。在城墙上爆发出的雷鸣般的欢呼声中，第一艘船已驶进安全的港口，接着是第二艘、第三艘、第四艘。刚刚放下的、用以封锁海面的铁链现在重又拉了起来，拦住了外面的船只，如猎犬般的土耳其小船在它们后面的海面上已无奈地四下分散。在这充满悲哀、愁苦与绝望的城市上空又回响起犹如彩虹祥云般的希望的欢呼声。

战舰翻山越岭

困在城中的人，这一夜都沉浸在狂欢的气氛中。眼前出现的这一线希望如同梦里幸福的迷魂汤，使他们忘乎所以、意乱神迷、浮想联翩。这些爱国者确信自己已获得拯救和安全。他们相信，从现在起，每星期都会有新的船只到来，并能像这四艘船上的士兵和粮食那样顺利上岸。欧洲没有忘记他们。在这种梦想和期望中，他们仿佛看到包围已经解除，他们的敌人仿佛失去了勇气和力量，他们仿佛已战胜了敌人。

但是，穆罕默德也是位梦想家，他是另一种特立独行、并更富奇思妙想的梦想家。这种梦想家知道怎样凭借意志使梦想成真。正当那几艘大战船误以为自己在金角湾的港口里十分安全的时候，穆罕默德的一项极富幻想、极具胆略的计划出炉了。这项计划在战争史上堪与汉尼拔和拿破仑最大胆的战略相媲美。眼前的拜占庭像一只金苹果，但他却无法拿到手。影响他进攻的主要障碍是防卫着君士坦丁堡一侧、呈盲肠状深深凹进的海岬——金角湾。事实上，想进入这个海湾几乎是不可能的，因为在入口处的旁边是属于热那亚人的据点城市加拉夫，穆罕默德曾许诺给这座城市以中立地位，并且有一条铁索将这里与敌方的城市拜占庭横断开。因而，他的舰队不可能正面进攻冲入海湾，只能由热那亚人领土边缘的内部水域潜入，来袭击那些基督徒的战舰。问题是：一支舰队如何能够抵达海湾的内部小城？所需时间或许要几个月，而求胜心切的苏丹是不可能等待这么久的。

于是，穆罕默德策划了一个天才的方案，将他的舰队从难以施展本领裹足不前的外海，越过岬角，运往金角湾里的内港：即把数百艘战舰拖运过多山的岬角地带。这是个令人惊叹的大胆设想，可以说是史无前例的，这种设想显得那么荒诞不经和难以实现，以至拜占庭人和加拉太的热那亚人从来没有想到过会有这样一项战略方案，如同在他们之前的罗马人和他们之后的奥地利人没有想到过汉尼拔和拿破仑的军队会神速地越过阿尔卑斯山一样。依照世人的经验，船只能在水中行驶，从没听说过一支舰队能越过一座山。但正是将不可能的事情付诸实施，才体现了一种精英的意志，人们才因此而看到一位军事天才的诞生。这种天才往往嘲弄那种按规则进行的战争，能够在特定时刻突破旧观念的藩篱，顺势而变。于是，一次在历史上无与伦比的大规模军事行动开始了。

穆罕默德派人悄悄地运来许多圆木，由工匠们制成滑板，再把从海面上拖上来的船固定在这些滑板上，就像固定在活动的干船坞上一样。与此同时，数以千计的土方工人也在不停地劳作，为了便于运输，将那条经过佩拉山丘的狭窄山路的上坡、下坡全部整理得尽可能平坦。为了引开敌人的注意力，隐蔽这些突然集结的如此多的工匠。苏丹下令部队每天夜里都要向除中立的加拉太城以外的周边地域连续发射臼炮；其实，发射臼炮的本身并无意义，其唯一的目的是转移敌人的注意力，用以掩盖自己的船只越过山地和峡谷，从一个水域进入到另一个水域；当拜占庭城内的人正忙乱应对并认为进攻只会来自陆路时，无数涂满油脂的圆木开始滚动起来，钉在滑板上的船只就借助这些巨大的滚木，被一艘接一艘地拖越过那座山，两边有数不清的水牛在前面拖着，水兵们则在后边帮忙推。当夜幕降临时，这种奇异的迁移行动便立即开始。世间一切伟大的壮举总是默默完成的。世间一切智者总是能够运筹帷幄，决胜千里。这奇迹中的奇迹：整整一支舰队越过山岭，终于大功告成。

在一切伟大的军事行动中，决定胜利的关键往往是出奇制胜。穆罕默德的非凡天才在这方面表现得尤其出色，事先无人能察觉他的意图。有一次，这位天才的谋略家在提到自己时这样表述：“如果我的胡须中有一根毫毛知道了我的意图，我就会把它连根拔掉。”在臼炮轰轰烈烈、大肆张扬地向拜占庭城墙攻击时，苏丹的计划在隐蔽周密的安排下付诸实施。到4月22日夜，有70艘战船已越过山冈和峡谷，穿过种植葡萄的山丘、田野和树林，从一个海面运达另一个海面。

第二天早晨，拜占庭的市民看见在他们认定无法进入的海湾中心，有一支挂着三角旗、载着水兵的敌人舰队在航行，简直如神兵天降，他们还一直以为自己在做梦。然而，当他们揉着眼睛想明白眼前发生的奇迹是怎么回事时，在他们以为一直由海湾护卫着的这面城墙下面，已是欢呼声、呐喊声四起，军号、铜钹、战鼓齐鸣。现在，除了加拉太那一片狭窄的中立地带以外，停泊着基督教徒舰队的整个金角湾已经由于这一天才的计谋而属于苏丹和他的军队了。他可以指挥部队从自己的浮桥上毫无阻碍地向拜占庭城墙较为薄弱的一面发起进攻。由于这薄弱的一翼受到了威胁，因地广人稀而本来就已十分可怜的防线更显脆弱，不堪一击。铁的手腕已愈来愈紧地扼住了这牺牲者的咽喉。

救救我们吧，欧洲

城内受困者不再自我欺骗、自我慰藉了，他们明白：即便能坚守住这已有裂口的一翼，但若等不来紧急增援的部队，八千人凭借已经千疮百孔的城墙是无法抵御15万人的进攻的，实在坚持不了多久。不过，威尼斯的执政官不是郑重其事地许诺派战船来吗？教皇能对圣索菲亚大教堂变成清真寺无动于衷吗？难道被无穷尽的内部纠葛纷争、无谓猜忌而弄得四分五裂的欧洲还没认识到西方文化所处的危险境地吗——被围困的人们始终这样安慰自己：也许一支增援舰队已做好了准备，只是由于尚未意识到形势已极为险恶而迟迟未出发，可是目前的形势已足以使他们醒悟到，这种犹疑与迟滞将会带来怎样无法挽救的灾难。

可是，该如何去通知威尼斯舰队呢？马尔马拉海上到处是土耳其的船只，倘若整个舰队集体出航，必将招致彻底覆灭的危险，况且，在一个人顶一个位置的守城战斗中，这将使城防减少数百名兵力。于是，他们决定派一艘仅能乘坐几个人的极小的船来冒此风险，一共是12名男子——如果历史是公正的话，他们的名字应当像“阿耳戈”的船上英雄们一样为人们所景仰传诵，可惜我们不知道他们任何一个人的名字——来勇敢地从事这项英雄壮举。为了掩人耳目，这艘双桅小帆船上挂着一面敌人的旗帜，12名男子一身土耳其装束，头上缠着穆斯林的头巾或戴着非斯帽。5月3日午夜时分，封锁海面的铁链悄悄地松开了，在夜幕的掩护下，这艘勇敢的小船轻轻地划了出去，划桨时尽量不发出声响。你看，这简直是奇迹，这艘轻巧的小船穿过达达尼尔海峡，驶进爱琴海，竟没有被人发现。如同以往，正是这种非凡的勇敢使对方掉以轻心。穆罕默德考虑得十分周全，但他恰恰没有想到会发生这样一件不可思议的事情：一艘载着12名勇士的孤单小船竟敢穿过他的舰队，实现一次“阿耳戈”英雄们式的航行。

但令人悲伤绝望的是：爱琴海上没有一艘威尼斯的帆船，没有一支准备出发的舰队。拜占庭已被威尼斯的教皇遗忘了，他们全部都热衷于那些鸡毛蒜皮的教会政治，而对自己的信誉和誓言漠不关心。这种悲剧性的时刻在历史上是屡见不鲜的，正当急需团结一切可以团结的力量来保卫欧洲文明的时候，各个国家和诸侯却未能暂时放下相互间的小小纠纷，热那亚觉得孤立威尼斯比联合几个小国向共同的敌人作战更重要，而威尼斯也做如是想。海面上空空荡荡。这些坐在核桃壳似的小船里的勇士们，绝望地从一个岛屿划到另一个岛屿，但随处皆是已被敌人占领了的港口，设有一艘友军的船只还敢航行在这片作战区内。

现在该怎么办？这12人中的一部分人已有些泄气了，这是可以理解的。他们觉得重返君士坦丁堡，再进行一次危险的航程，又有什么意义呢——因为他们没有带回去任何希望。说不定那座城市现在已经沦陷，如果他们再回去，等待他们的不是被俘，就是死亡。但是，这些无名英雄中的大多数人一直豪气冲天——他们决定返回拜占庭。既然他们接受了一项使命，就应竭力完成。派他们出来的任务是探听消息，现在，他们必须把消息带回去，尽管这是非常令人沮丧的消息。于是，这孤独的一叶扁舟又再度奋不顾身地穿越达达尼尔海峡、马尔马拉海和敌人的舰队，返回拜占庭。

5月23日，即他们出发之后的第20天，君士坦丁堡的人早以为这艘小船已经失落，没有指望它能送来消息或者归来，突然，几个哨兵在城墙上挥动起小旗，因为有一艘小船正飞快地划着桨向金角湾驶来。被困城中的人欢声雷动，反而使土耳其人警觉起来，直到这时，他们才惊奇地发觉这艘挂着土耳其国旗、旁若无人地驶过他们海域的双桅帆船原来是一艘敌人的船。于是，他们立即出动无数小艇从四面八方冲上去进行拦截，企图在它进入安全港口之前捕获它，但终于未能如愿。小船的归来，立刻使拜占庭又涌现获救的希望，以为欧洲没有忘记这座城市，上次派来的那几艘船仅仅是先遣。数以千计的人激动地欢呼叫喊着，但这只维持了极短的时间，到了晚上，确切的坏消息已四处传开：基督教世界已将拜占庭遗忘了。如果这些孤立无援地被禁锢在城中的人们不自己来拯救自己，灾难就会降临到他们头上。

总攻前夕

将近6个星期的持续战斗之后，苏丹渐渐地失去了耐心。他的大炮已毁坏了城墙的许多处，但是到目前为止，他所指挥的一切进攻，都被顽强地抵御了。对于一个统帅而言，他现在面临两种选择：一是放弃围城，一是在经过多次个别的小型攻击之后，进行一次大规模的、具有决定意义的总攻。穆罕默德召集他的将领们举行了作战会议。他的热切的意志战胜了一切困难和顾虑。大规模的、具有决定意义的总攻定于5月29日开始。苏丹以他一贯坚毅果敢的态度开始进行准备工作。他筹划了一场宗教盛典，整个部队的15万人，从最高统帅到普通士兵，全都必须按要求完成伊斯兰教规定的所有宗教礼仪——以及白天进行的3次礼拜。现存的火药和石弹已全部运来，用来增强炮兵的攻击力，为攻下拜占庭创造条件。整个部队为进行总攻而分编成若干分队。

穆罕默德从早忙到晚，一刻也不歇息。他骑马走遍从黄金角到马尔马拉海的整个阵地，从一个营帐到另一个营帐，不断地激励将士们，并为他们鼓气。不过，作为一个洞察别人心理的人，他知道用怎样的方法才能最有效地煽动起这15万人的激情。他做了一项可怕的承诺——后来他完全履行了自己的诺言。这诺言在给他带来荣誉的同时，也给他带来了耻辱。负责宣谕的差役四处敲鼓吹号，宣读这项承诺："穆罕默德以真主的名义，以教祖穆罕默德的名义和四千先知的名义起誓保证，他还以他的父亲穆拉德苏丹的灵魂、以他自己的孩子们的头颅和他的军刀起誓保证，拜占庭攻陷后，他的部队可以任意劫掠三天。城墙之内的所有一切：家用器具和财产、饰品和珠宝、钱币和金银、男人、女人、孩子都归获胜的士兵所有，而他——穆罕默德本人将放弃所有这一切，他只要获取征服了东罗马帝国这一最后堡垒的荣誉。"

听到如此诱人的宣传之后，士兵们顷刻间欢声雷动。震撼人心的欢呼声犹如狂风在怒号，响成一片的"真主——真主"的祈祷声犹如大海在咆哮，这一阵阵风暴般的声音向早已胆战心惊的拜占庭城卷去。"抢呀！""抢呀！"这个词简直成了战场上的口号，它在战鼓、铜钹和军号声中振荡。夜幕降临了，军营中灯火通明，犹如一片节日灯海。围城之内的人在城墙上看到平原和山丘上四处点燃着灯光和火把，犹如繁星密布。敌人在未取得胜利之前就已经用喇叭、笛子、铜鼓庆祝胜利，那场面真让人不寒而栗。眼前的情景恰似异教徒祭司在献上牺牲前进行的那种吹吹打打、喧闹又残酷的仪式。但是到了午夜时分，所有的灯火都依照穆罕默德的命令突然熄灭。十几万人的热闹喧嚣猛然间戛然而止。无疑，这种令人毛骨悚然的一片漆黑和突然沉寂预示着某种不祥，对于那些被搅扰得心神不定的窃听者而言，这场面比白昼的狂欢更令人恐惧。

圣索菲亚教堂里的最后一次弥撒

被围在城中的人，不需派任何一个探子，也不需任何一个从敌人阵营投奔来的人，就完全能够明了自己所面临的处境。他们清楚地知道，穆罕默德已下达了总攻的命令，面前的巨大威胁，像暴风雨前密布的乌云笼罩在整个城市的上空。这些平日里四分五裂和纠缠于宗教纷争的居民们在这最后几小时内又聚在一起了——人世间空前团结的场面总是在最危急的关头才出现。为了必须所有人出力来保卫的这一切：基督教信仰、伟大的历史、共同的文化，东罗马皇帝举行了一次振奋人心的宗教仪式。他命令全城居民——东正教徒和天主教徒、教士和普通教徒、男女老少都聚集在一起，进行一次空前绝后的宗教游行。谁也不许待在家中，当然，没有谁愿意待在家中。

在庄严行进的行列中，既有最富有的富翁，也有赤贫的穷人，所有的人都十分虔诚地唱着“上帝保佑”的祈祷歌；队伍穿过整个城市后。又经过外面的城墙。从教堂里取出来的希腊正教的圣像和圣人的遗物被抬举在队伍的前面。凡是遇到城墙有缺口的地方，就贴上一张圣像，好像它比世间任何武器更能抵御异教徒的进攻。与此同时，君士坦丁皇帝召集元老院的成员、达官显贵和指挥官们到自己的身边，对他们做了最后一次讲话，以鼓起他们的斗志。虽然他不能像穆罕默德那样许诺给他们无数的战利品，但是他向他们说明了如果能够击退这最后一次决定性进攻的话，他们将为全体基督徒和整个西方世界赢得怎样的一种荣誉；并向他们描述了如果被那些杀人放火之徒击败，他们面临的危险境地。穆罕默德和君士坦丁两人都明白：这一天将决定几百年的历史。

然后，那最后一幕——灭亡之前令人激动的热烈场面，也是欧洲历史上最为感人的场面之一上演了。这些被死亡阴影所笼罩的人都聚集在圣索菲亚教堂里——自从基督教的东西两个教派建立起兄弟般的关系以来，它是当时世界上最富丽堂皇的基督教主教堂。所有的宫廷人员、贵族、希腊教会和罗马教会的教士以及全副武装的热那亚和威尼斯的水陆士兵，都齐聚在皇帝周围。他们的后边是数以千计的毕恭毕敬、默默无言跪在地上的人——黑压压一片充满惊恐和忧虑的老百姓，他们低着头，口中念念有词。蜡烛像在同由低垂的拱顶形成的黑暗进行费力的较量似的，照耀着这一片好像一个人的躯体般跪在地上进行祷告的人群。这些拜占庭人正祈求上帝的保佑。现在，大主教无比庄重地提高了嗓门带头祈祷，接着唱诗班跟着同他唱和。大厅里再一次响起了西方世界神圣的、永恒的声

音——音乐。然后，他们一个跟着一个地走到祭台前，去领受笃诚带来的安慰。皇帝走在队伍的最前面，一阵连绵不断的祈祷声在宽敞的大厅里萦绕，在高高的拱顶上回荡。东罗马帝国的最后一次安魂弥撒开始了。这是最后一次在查士丁尼建造的这座主教堂里举行基督教的仪式。

在举行了如此激动人心的宗教仪式之后，皇帝又最后一次匆匆返回皇宫，请所有臣仆原谅他平日对待他们的不周之处。然后他骑上马，从城墙的一端走到另一端，去为他的士兵鼓舞斗志，一如他不可一世的对手——穆罕默德此时正在做的那样。夜深了，再也听不到人声和武器的叮当声了。但是城内的几千人正以惴惴不安的心情等待着明天来临，那伴随着死亡而来的明天！

一扇被忘却的城门——凯尔卡门

子夜一点，苏丹发出了进攻的信号。猎猎作响的帅旗迎风招展，在异口同声的“真主、真主”的呐喊声中，数以万计的士兵拿着武器、云梯、绳索、铁爪篙冲向城墙。与此同时，所有的战鼓都擂响了，所有的军号都吹响了。震耳欲聋的大擂鼓、铜钹、笛子的声音和众人的呐喊声、雷霆般的炮声汇成一片，好像暴风雨的袭击。那些未经训练的志愿敢死队被毫不怜惜地率先送到城墙上去——他们的躯体是半裸的，在苏丹的作战计划中，他们毫无疑问是作为替死鬼，任务是在主力部队进行决定性的进攻之前消耗掉敌人的体力和锐气。这些被驱赶的替死鬼拿着数以百计的云梯在黑暗中向前奔跑，攀上城垛、雉堞，被击退下来了，他们接着又冲上去，就这样接二连三地向上冲，因为他们没有退路；这些人只是用来当作炮灰的无谓牺牲品，他们的身后密密地站立着精锐的主力部队，他们不断地驱赶这些替死鬼奔向那几乎是必死的境地。这些一箭就能射透的人肉铠甲无力抵挡无数的箭矢和石块，因此现在守在城上的人暂时还处于优势，但是他们面临的真正危险是自身的疲惫——而这正中穆罕默德下怀。

城墙上的人全身穿着沉重的甲胄，不停歇地迎战不断冲上来的轻装部队，他们一会儿在这里拼杀，一会儿又不得不跑到另一处去抵挡，在这种被动的防御战斗中，他们的旺盛精力被消耗殆尽了。

在进行了两个小时的交锋后，天已开始蒙蒙亮了，由安纳托利亚人组成的第二梯队发起了冲锋，这些人都是纪律严明、训练有素的战士，全都穿着网状铠甲，因而局势变得越来越危险。更何况，他们在人数上占有绝对优势，事先还得到了充分的休息，相比之下，守在城上的人却不得不到处保卫突破口。不过，进攻者所到之处还是被不断地击退下来，于是苏丹不得不派上自己最后的精锐部队——奥斯曼帝国的中坚力量土耳其近卫军。他亲自率领这12000名出类拔萃、身强力壮的士兵——当时被欧洲视为最优秀的军旅，齐声呐喊着向已疲惫不堪的敌人冲去。

现在，真正到了千钧一发的紧要关头了，城里所有的钟都已敲响，号召还能参加战斗的人都到城墙上来，水兵们也都被从船上召集到城墙上，因为生死攸关的决定性时刻到来了。对守卫城墙的人而言，非常不幸的是热那亚部队的司令、英勇无比的朱斯蒂亚尼被矢石击中而身负重伤，被抬到船上去了，他的倒下，一度动摇了守卫者的信心。但是，皇帝亲自赶来阻挡这危险万分的突破，于是，他们再次成功地推倒了冲锋者的云梯；在这场殊死的角斗中，仿佛拜占庭又得到了喘息的机会。最危急的时刻已然过去，最疯狂的进攻又被击退了。但是，就在此时，一个悲剧性的意外事件一下子决定了拜占庭的命运，是那神秘莫测的几秒钟里的一秒，一下子便决定了拜占庭的命运——即如某些特定时刻，历史在它令人难料的决定中所出现的那几秒钟一样。

一件完全不可想象的事情发生了。在距离主要进攻区域不远处，有几个土耳其人通过外层城墙中的许多缺口中的一处冲了进来，但他们不敢贸然向内城墙冲。当他们好奇而又漫无目的地在第一和第二道城墙之间乱闯时，突然发现内城墙的较小的城门中间有一扇城门——即被称为“凯尔卡门”的城门——由于难以理解的疏忽，竟然敞开着。就这扇门自身而言，它不过是一扇小门而已，在和平时期，当其他几扇大城门关闭的几个小时内，人们从这扇门通行。正由于它不具有战略意义，所以在那最后一夜的群情激奋中，显然被忘记了。

此刻，土耳其近卫军惊讶地发现，这扇门正在坚固的防御工事中悠然地敞开着，他们起初认为这是军事上的一种谋略，因为发生如此荒唐的事，实在是不可思议的。按照常规，在防御工事前的每一个缺口，每一个小窗口、每一扇大门前，都应是尸体堆积如山，燃烧的油和矛枪会劈头盖脸地飞下来，而此时此地，却是一派星期天般的升平景象。这一扇通向城中心的凯尔卡门大敞着。那几个土耳其人马上设法召来增援部队，于是整整一支部队没费一枪一炮，未遭到任何抵抗就冲进了内城。

守卫在城墙上的人丝毫没有察觉到这一切，没有料到背部会遭到袭击。更为糟糕的是，当几个士兵猛然发现自己的防线后面出现了土耳其人时，竟不禁喊出声来：“城市被攻破了！”在战场上，如此不确切的谣言，真是比所有的大炮更能置人于死地。现在，土耳其人也跟在这喊声后面尽情欢呼：“城市被攻破了！”于是，这呼喊声瓦解了所有的抵抗。雇佣兵们以为自己被出卖了，纷纷离开阵地，以便及时逃回港口，逃到自己的船上去。君士坦丁带着几个随从与入侵者浴血奋战，但已无力回天，他战死了。在一片混乱之中，没有人认出他来。只是到了第二天，人们才从埋在一大堆尸体中的那双饰有金鹰的朱红战靴上得到确认：东罗马帝国最后一位皇帝已经光荣地以罗马精神与他的帝国同归于尽。

芝麻大的一次意外——一扇被忘却的凯尔卡门就这样决定了世界历史。

十字架倒下了

有时候，历史好像是在做数字游戏，恰好在罗马遭受汪达尔人令人难忘的劫掠之后一千年，一场针对拜占庭的大洗劫开始了。一贯言而有信的穆罕默德可怕地履行了自己的诺言。在第一次屠杀之后，他就任由自己的士兵大肆抢劫房屋、宫殿、教堂、寺院、男人、妇女、孩子，成千上万的人犹如来自地狱的魔鬼在街巷间争先恐后地追逐，互不相让，首当其冲遭受洗劫的是教堂，那里有黄金器具和珠宝在闪耀；他们每闯进一幢房屋，就马上将自己的旗帜挂在房前，目的是让后来者知道，这里的战利品已全部有主了。

所谓战利品，除了珠宝、布匹、黄金、浮财，还包括妇女、男人和儿童。女人是苏丹宫殿里的商品，男人和儿童是奴隶市场上的商品。躲在教堂里的那些穷苦者，一群群地被人用皮鞭赶了出来。年老者等于白吃饭的和无法出卖的累赘，杀掉了事。年轻人被人像牲口似的捆起来拖走。在尽情抢掠的同时，他们又进行了极为野蛮的罪恶的破坏活动。在类似的可怕洗劫中，被十字军残留下来的一些珍贵的圣人遗物和艺术品。被这群疯狂的胜利者肆意捣毁，弄得七零八落。珍贵的绘画被烧毁了，最杰出的雕塑被砸碎了，凝结人类几千年智慧、保留着希腊人的思想和诗作的书籍被焚毁或随意地丢掉，从此永远地消失了。人类将永远不会真正地明白，在那命运攸关之际，那扇敞开的凯尔卡门带来了怎样的灾难；在洗劫罗马、亚历山大里亚和拜占庭时，人类的精神文明遭到了多么大的损失。

当天下午，重大胜利及大屠杀结束之后，穆罕默德才进入这座被征服的城市。骑在金鞍玉辔的骏马上的他，神情骄矜严肃，在经过那些野蛮劫掠的现场时，连看都不看一眼。他一直信守诺言，不去干涉那些为他赢得胜利的士兵的胡作非为。对他而言，已不存在首先要争得什么，他已得到了一切。此时，他傲慢地径直向大教堂——拜占庭的荣耀中心走去。

50天来，他一直在自己的营帐前满怀向往地仰望着圣索菲亚教堂，那闪闪发亮的钟形圆顶，那仿佛遥不可及的圣庭。现在，他可以作为胜利者径直走入教堂的铜大门了。不过，穆罕默德还要控制一下自己急躁的情绪：在他将这座教堂永远奉献给真主之前，他还要先感谢真主。这位苏丹谦卑地下马，跪在地上叩头，向真主祈祷、礼拜。然后他抓起一撮泥土撒在自己的头上，以示他清楚自己只是一个终将归于尘土，无法永生的凡人，不能过于炫耀自己的胜利。在向真主表达了自己的敬畏之后，他才站起身来，作为真主的第一个仆人昂首阔步地走入查士丁尼大帝建造的大教堂——神圣智慧的教堂——圣索菲亚大教堂。

苏丹惊奇而激动地仔细观察着这座富丽堂皇的建筑物：高高的穹顶、闪亮的大理石和马赛克、精致的弧形门拱，一切都在黄昏的光线中熠熠生辉。他觉得这座用来祈祷的最为杰出的宫殿不是属于他自己的，而属于他的真主。于是，他马上吩咐人叫来一个伊玛目，让他登上布道坛，来宣讲教祖穆罕默德的信条。然后，这位土耳其君主面朝麦加，第一次在这基督教的教堂里向三界的主宰者——真主做了祷告。第二天，工匠们得到命令，要把这里的基督教标志全部去掉。基督教的圣坛被拆掉了，无辜的马赛克被粉刷上石灰，一直高高矗立在圣索菲亚教堂顶上、伸展双臂包容世间一切苦难的十字架，轰然一声巨响，倒在了地上。

石头落地的巨大声音在教堂里回响着，传到了很远很远的地方。这十字架的倒下震撼了整个西方世界。这声音可怕地在罗马、热那亚、威尼斯回响，像发出警告的雷霆一般向法国、德国传去。

惊恐万分的欧洲意识到：由于自己的不闻不问，有一个难逃的劫数竟从那扇被忘却的、倒霉的凯尔卡门冲了进来，这劫数将把欧洲的势力遏制住数百年。然而，人类的历史如同一个人的一生，刹那间的过失便会铸成千古之恨，耽搁一个小时所造成的损失，即使用千年的时光也难以赎回。

到不朽的事业中寻求庇护

“太平洋是谁发现的"——这个问题的提出，全然是欧洲人站在欧洲中心来说的。公元前若干世纪以前，古代中国人远航日本时，已领略了太平洋的浩森水域，而从印度半岛移民来的玻利尼西亚人，以及美洲西部的印第安居民也很早就认识了这一大洋。16世纪是大探险时代，探险家的频频远征，使人类对于自己生存的世界逐渐有一个完整的地理图像。1520年11月28日，进行环球航行的葡萄牙航海家麦哲伦，绕过麦哲伦海峡的岬角，看到一片静悄悄的、水天一色的大洋，于是将它命名为“太平洋”。但是，麦哲伦并不是发现太平洋的第一人……

装备好一艘船

当哥伦布从新发现的美洲首次归来，凯旋的队伍在塞维利亚和巴塞罗那拥挤的街道上展示数不清的奇珍异宝和那不为人知的红种人，还有人们从未见过的奇禽异兽——呱呱叫的五彩鹦鹉、呆头呆脑的貘以及很快便在欧洲落户的新奇植物和谷类——玉米、烟草和椰子。所有这些怪东西赢得了围观者的欢呼，而最使两位国王和他们的谋臣动心的却是那几只小箱子、小篮子——里面装满了黄金。

哥伦布从新印度带回的黄金很少，只是一些从土著手里换来或抢来的零星装饰品、小金锭和几撮零散的金粒；这些东西充其量只能称作黄金粉末而已——所有的战利品顶多可以铸造几百枚威尼斯古金币。然而，哥伦布可是位天才的幻想家——他总是偏执于自己愿意相信的事情，正如他一直认为是自己拥有开辟了通往印度海路的荣誉——他用极为认真又十分兴奋的语气夸耀说，这些仅仅是这次带回来的一点样品而已，据他们得到的可靠消息，这些新发现的岛屿上埋藏着难以计数的金矿；而这种昂贵的金属，几乎就在薄地层之下，有些地方甚至是裸露在地表，只需用普通铁铲轻轻一挖就能轻易挖到。不过，在更南边的地方，是那国王用黄金杯饮水、黄金比西班牙的铅还不值钱的黄金国。

这位对黄金永远不满足的国王被这番关于他的新黄金国的描述深深打动了，对哥伦布的种种许诺一点儿没有心思怀疑，而且在当时，人们还未认识到这位哥伦布先生有好吹嘘的毛病。于是，一支进行第二次远航的庞大船队很快准备就绪。这时雇佣船员已根本不需四处招募了。有关那个新发现的、用手就能挖到黄金的黄金国的传说已使整个西班牙如痴若狂；数以百计，乃至数以千计的人流纷至沓来，渴望远航去那黄金国。

但这人流又是些怎样的一股污泥浊水呵！贪婪的欲望把它们从所有的城镇、村庄里冲了出来。不论是那些梦想把自己家族的纹盾镀上黄金的名门望族，还是胆略超人的冒险家们，甚至全西班牙的垃圾和尘渣也都顺水漂到巴罗斯和加的斯来了。烙着金印的盗贼、拦路抢劫的江洋大盗、以至下三烂的扒手们——他们全都希望到那黄金国去从事一份收入颇丰的活计；还有为躲避债主的负债人，为了脱离整天吵闹不休的妻子的丈夫，所有那些穷愁潦倒、走投无路的人，以至那些作奸犯科和被法警通缉追捕的罪犯，都蜂拥而至，要求参加这支远航船队。

一群疯狂的乌合之众，他们憋足劲儿要到那遥远的地方去大显身手，一夜暴富！他们敢做任何伤天害理的暴行甚至犯罪。而哥伦布散布的那种虚妄的传言更使他们想入非非，他们确信，在那里只要有一把铁锹就能掘出一大堆金光灿灿的黄金。这些移民者中的有钱人甚至带上了佣人和牲畜，以便能把这种贵重的金属即刻大批大批地运走。那些没被远航船队接收的人只好另谋他策；胆大的冒险家们索性自己准备船只，根本不管朝廷是否准许。他们只希望尽快赶到黄金国，去收获金子、金子、金子。于是，整个西班牙不安分的家伙们和最危险的歹徒就这样一下子全部得到了解放。

伊斯帕尼奥拉岛的总督惊恐地看着这些不速之客们涌向这个归他托管的岛屿。年年运来新货物的海船，也带来了越来越难以管束的家伙，然而，新移民们也同样痛苦和绝望，因为这里的街上并没有到处可见的黄金，而那些不幸的当地土著，早已被这帮金发野兽劫掠一空，从他们身上再也压榨不出一丁点儿黄金了。这帮乌合之众于是四处游荡、游手好闲，寻衅劫掠，使可怜的印第安人终日提心吊胆，同时，也令总督苦恼不已。为打发这帮家伙前去开垦新地，总督竭尽所能。他分给他们土地、牲畜，甚至还慷慨地派给他们每人60至70名“会说话的牲口”——印第安人当奴隶，但这些都于事无补。无论是出身名门贵族的骑士，还是曾经的江洋大盗，都对经营农庄没有丝毫的兴趣。他们漂洋过海来这里，不是为了种小麦、养家畜，因此，没人把播种和收获当回事儿，他们只顾去欺凌可怜的印第安人，在短短几年内，他们将当地居民全部灭绝了，也有人只在赌窟里消磨时光。没多久，这帮家伙中的绝大多数都债台高筑不得不变卖自己的财物，直至卖掉大衣、帽子和最后一件衬衫，最后，被商人和高利贷者勒住脖子。

1510年，伊斯帕尼奥拉岛上所有的落魄者听到了一个确切无疑的好消息：这个岛上颇受尊敬的法学家马丁·费尔南德斯·德·恩西索“学士”装备好一艘船，准备带一批人马去援助自己在大陆上的那块殖民地。此前一年，有两位著名冒险家——阿隆索·德·奥赫达和迭戈·德·尼古萨从斐迪南国王那里获得了在巴拿马地峡附近和委内瑞拉沿海建立殖民地的特权，仓促间，他们将这块地方命名为“黄金的卡斯蒂利亚”。这位懂法学而不谙世事的恩西索学士被如此迷人的名称所吸引，并被那些虚妄的大话哄得晕晕乎乎，竟把自己的全部财产都押到这块殖民地上去了。然而，这片建在乌拉巴海湾的圣塞瓦斯蒂安的新殖民地不仅未给他送来一块黄金，反却传来紧急的救援声。那些殖民者中的一半在同当地土著人的争斗中毙命，另一半则在饥饿里丧生。为了挽救自己已经投入的资财，恩西索毅然倾其所有，要装备一支援助远征队。

伊斯帕尼奥岛上那些绝望的家伙们，一听说恩西索需要士兵，便都想趁此机会一走了之。他们只希望赶快离开这个鬼地方，摆脱债主的纠缠，逃脱总督的密切监视。但是，债主们一发觉这些负债累累的家伙们都想溜之大吉从此人间蒸发时，便采取了防范之策，他们屡次恳请总督下令：未经他的特别许可，任何人不得擅自离岛。总督答应了这一请求，并采取了严密的监视措施。要求恩西索的船只必须停泊在港口外，同时派出政府的小船四处巡视，严防未经许可的人员偷偷溜上大船。于是，那些走投无路的人——他们虽不怕死，但却怕诚实地工作或高筑的债台——只好在万分绝望中，眼睁睁地看着恩西索的船远离他们，扬帆远航去进行冒险事业了。

躲在木箱里的人

恩西索那鼓满风帆的船，静静地从伊斯帕尼奥拉岛驶向美洲大陆。岛屿的影子已渐渐淡出地平线。这是一次平静的航行，一开始没有出现一丝异样，只是到后来才发现那只肥壮有力的狼狗——这是著名狼狗贝塞里科（小牛）的崽子，它自己也因取名莱昂西科（小狮）而出名——不安地在舱板上跑动，用鼻子到处嗅着，没人知道它是谁的狗，也不知道它是如何上船的。更令人惊异的是，那只狗最后竟停在一只食品箱前不动了，这是一只最后一天才运上船的特大箱子。

天哪，你瞧，那只木箱竟出人意料地自己打开了。从里面钻出一位男子，约莫35岁，全副武装，身佩长剑、头顶盔甲、手持盾牌，活脱脱像是卡斯蒂利亚的保护神圣地亚哥。他就是巴斯科·努涅斯·德·巴尔沃亚，他正以这种方式展示自己令人惊叹的胆略和机敏。他出身于赫雷斯·德·洛斯·卡瓦雷洛斯的一个贵族家庭，曾以一个普通士兵的身份随罗德里戈·德·巴斯蒂达斯一起远航来到这个新世界，历经几度迷航，终于登上伊斯帕尼奥拉岛。

岛上的总督曾想把巴尔沃亚培养成一个优秀的殖民地开发者，可是未能如愿。他把分配给他的土地管理几个月后便丢弃了，直至彻底破产。接着，他便苦于摆脱那群债主。然而，正当其他那些负债人握拳瞪眼地怒视着那些阻拦他们逃到恩西索船上去的政府小船时，巴尔沃亚却躲进一只空的大食品木箱里，让仆役抬上了船，从而成功地绕过了迭戈·哥伦布总督设置的防线。而当时忙着起航、处于一片混乱状态的船上人，竟无一察觉到这狡猾的诡计。直至船已远离海岸、再没法因他而返航时，这个偷渡者才现身，现在，他正站在众人面前。

像多数法学家一样，学法律出身的恩西索“学士”也缺乏浪漫情怀。作为那块新殖民地上的行政长官和警察总督，他不希望看到有吃白食的人及来历不明的可疑家伙出现在他的领地上，因此，他毫不客气地告诉巴尔沃亚，他不打算带他去目的地，他决定在下一个他们经过的岛屿让他下船，不管那岛上是否有人住。

然而事情并未发展到这一步。因为在这艘船驶向“黄金的卡斯蒂利亚”的途中，与一艘坐满了人的小船相遇——这简直是奇迹，因为在当时，茫茫大海上总共只有几十条船在行驶——率领这艘小船的是一个名叫弗朗西斯科·皮萨罗的人，他的名字不久将蜚声世界。船上的人正是来自恩西索的殖民地圣塞瓦斯蒂安，恩西索起初以为他们是一群擅离职守的叛乱者，但随后了解到的情况令恩西索大惊失色：再也没有所谓的圣塞瓦斯蒂安了，他们是这块昔日殖民地上的最后一批人，司令官奥赫达自己驾了一艘船先溜走了，剩下的人总共才有两艘双桅小帆船，为了每人能获得这两艘船上的一个位置，他们不得不等到死掉70人之后才动身。后来，其中一艘船又出了事故，皮萨罗率领的这34人是“黄金的卡斯蒂利亚”最后一批幸存者。

事已至此，他们的船该驶向何方呢？听了皮萨罗的讲述，恩西索的人没有谁愿意再去那有着可怕的沼泽气候和土著人毒箭的偏僻移民区。他们考虑，眼下唯一的出路是重返伊斯帕尼奥拉岛。恰在此时，巴尔沃亚突然站出来说，他在同罗德里戈·德·巴斯蒂达斯第一次航海时，对中美洲各沿海地区的情况颇为了解，他记得他们曾到过一个叫达连的地方，那里有一条含金的河流，而且当地土人颇为友善，他们应到那里去开辟新的领地而不该回到那倒霉的老地方。

巴尔沃亚的提议得到了全体人员的热烈赞同，按照他的建议，船驶向巴拿马地峡的达连。到达之后，他们首先对当地土著进行了残酷的屠杀，接着，由于他们从劫掠的财物中发现了金子，这群亡命徒便决定在此定居，之后，他们又满怀虔诚的感恩之心将这座新城市命名为“达连古老的圣玛丽亚”。

危险的升迁

没过多久，倒霉的恩西索“学士”——这位新移民区的投资者便后悔莫及了：他当初未能及时把那只木箱连同藏在里面的巴尔沃亚一同丢到海里。因为几个星期之后，这个胆大妄为的家伙便已篡夺了一切权力。受纪律和秩序的观念熏陶成长起来的法学家恩西索，最初曾努力以一个行政长官——未上任的总督的身份来治理这块殖民地，以使其有利于西班牙朝廷的统治。他坐在印第安人简陋的茅舍里，签发出一份份字迹工整又严密的法令，就如坐在塞维利亚自己的法律办公室一般。由于收购黄金是朝廷的权力，所以他严禁士兵在这块人迹罕至的荒地上勒索土著人的黄金。他竭尽所能想让这些亡命之徒遵循秩序和法律。但事与愿违，这些天生的冒险家们对这位文弱书生的笔杆子根本不屑一顾，他们只信服刀剑。于是不久以后，巴尔沃亚就成为这块新殖民地事实上的主人。

为保住自己的性命，恩西索不得不逃离此地；而当国王派往这新大陆的总督之一——尼古萨终于来到这里时，巴尔沃亚干脆就不让他上岸了，尼古萨被这帮家伙从国王封给他的这块土地上赶走，并倒霉地淹死在回国途中。

现在，巴尔沃亚——这个从木箱中出来的人，成了这块殖民地上的主人。但是，随着他的成功而来的，并不是愉快和满足。他公然背叛了国王，他使国王派来的总督丧命，这就难以得到国王的宽恕。他清楚，逃走的恩西索正怀揣控告他的信件前往西班牙，自己的叛乱行为迟早要受到法庭的审判。好在西班牙距此地路途遥远，一艘船两次横渡大洋的这段时间对自己还是非常有利的，为尽可能久地保住自己篡夺来的权力，他必须以过人的胆识充分利用这唯一的手段——时间。他很清楚地意识到，只要在这段时间里能为自己的违法行为找到充足的辩护理由，同时向国库进贡大量的黄金，那么，就很可能推迟甚至免除这场官司。当务之急是弄到黄金，黄金意味着权力！于是，他伙同弗朗西斯科·皮萨罗大肆蹂躏和掠夺周围的土著人，在这些残忍的杀戮中，居然有一个决定性的好运让他给碰上了。

有一次，他突然心怀叵测地来到一个名叫卡雷塔的印第安酋长家中意欲胡作非为。自知难逃一死的酋长向他提议：为什么不与自己的部落结盟而不是同印第安人为敌呢？同时，作为忠实的信物，他把自己的女儿献给了巴尔沃亚。精明的巴尔沃亚马上意识到在土著人中间结交一个可靠而又有权力的朋友对他极为有利，于是欣然接受了卡雷塔的建议，更令人不可思议的是，他至死都对那个印第安人姑娘脉脉含情。于是，他和卡雷塔酋长联合起来，征服了周围所有印第安人．树立了很高的权威。最后，连当地最具权势的酋长柯巴格莱也恭敬地邀请他到自己家中做客。

造访这位最有权势的酋长，使巴尔沃亚的一生出现了具有世界历史意义的转折，而此前的巴尔沃亚充其量只不过是个亡命徒和抗拒朝廷的叛乱者，等待他的是卡斯蒂利亚法庭的绞索或砍刀。

在一幢宽敞的石屋里，柯巴格莱酋长接待了他，房子里的金银财宝使巴尔沃亚惊讶不已，不待客人自己开口，主人就送给他四千盎司的黄金。但随后发生的一切令酋长不禁目瞪口呆，他恭恭敬敬接待的这些宛若天人的尊客们——他们原本高傲尊贵、威严如神，可在见到了黄金的一刹那，立刻变了脸，面目全非。他们拔刀执剑、攥紧拳头、高声叫喊、互相谩骂，人人都想多得到哪怕一点点。酋长目睹这疯狂的争吵，脸上露出极为鄙夷的神色。生活在天涯海角的每一个自然之子永远无法理解这些文明人：为什么在他们的眼里，那一小撮黄色金属的价值，竟然比他们的文明所取得的所有精神上和物质上的成就还要高。

最后，酋长终于走上前说了一番话。当这群西班牙人听完译员传过来的这番话时，他们的脸上流露出的贪婪神色简直令人恐惧。柯巴格莱说，你们因这些无用之物而争吵，为这种普普通通的金属拼命，还引来了这么多的麻烦，实在令人费解。就在这些高山之后有一片大海，所有流到那片海里的河流都含有黄金。住在那里的民族与你们一样乘坐这种有帆和桨的船只，他们的国王用黄金制作的杯盘餐饮；你们可以到那里获取这种黄色金属，要多少有多少。但到那里的路程虽然只需几天，路途却非常险恶，因为那些酋长们不会允许你们通过。听了此话巴尔沃亚一阵狂喜，他们终于得到了传闻中梦寐以求的黄金国的线索。他的先行者们曾走遍天涯海角、四处求索，而如今，那黄金国距他只有几天的路程，当然，如果酋长所言不虚。这同时也印证了另一个大洋的存在！哥伦布、卡博特以及其他的无数著名的伟大航海家都曾寻觅通往这个大洋的道路，却无人成功。要知道找到这个大洋，就意味着发现了一条环绕地球的航道！第一个亲眼见到这个新海洋并为自己的祖国去占领它的人，将会名传千古！

巴尔沃亚意识到，为赎清自己的全部罪责，赢得名垂青史的荣誉，他必须去完成这项事业，即成为横越巴拿马地峡、到达这片通往印度的南海的第一人，并为西班牙朝廷去征服那新的黄金之国。

在柯马格莱酋长的石头房子里的这一刻，从此改变了巴尔沃亚的命运。从这一时刻起，这个到处找机会碰运气的冒险家的生活，有了超越时间的崇高意义。

到不朽的事业中寻求庇护

人生最大的幸事，莫过于在生命的中途，即在其年富力强时发现了自己所肩负的使命。巴尔沃亚深知，自己正面临着这样一场赌博：要么悲惨地死在断头台上，要么名垂千古。他首先要用贿赂之计，获得朝廷的谅解：追认他的卑劣行径——篡夺的权力是合法和有效的！于是，这个昨天的叛乱者，今日却成了最谦卑殷勤的臣仆，他不仅给伊斯帕尼奥拉岛上的王室财务总管帕萨蒙特送去了柯马格来酋长馈赠黄金的1／5——按法律规定，这1／5应归王室所有，而且除了正式向朝廷进贡之外，他还私下将一大笔黄金送给财务大臣，请求财务大臣确认他为这块殖民地的司令官——与古板、耿直的法学家恩西索相比，他更擅长要手腕、老于世故。财务总管帕萨蒙特虽然对此没有权力，但为了答谢他馈赠的那一大笔黄金，给巴尔沃亚寄来一份实际上并没有什么价值的临时文书。

巴尔沃亚同时也在寻求其他方面的保障，他又派了两名自己最可靠的亲信前往西班牙，直接向朝廷上奏他为王室所建的功业以及报告他从酋长那儿获取的重大信息。巴尔沃亚向塞维利亚报告说，只需派来一千兵力，他就能为卡斯蒂利亚创造一个迄今为止没有任何一个西班牙人能创造的奇迹。他将肩负起找到那片新的海洋和去占领那个终于知晓下落了的黄金国的使命。哥伦布许下诺言要找到而最终没有找到的那个黄金国，如今，他，巴尔沃亚要去征服它。

目前看来，形势好像有了转机，似乎对这个处于劣势的叛乱者和亡命徒变得有利了。然而，从西班牙驶来的下一艘船却带来了一个糟糕的信息。协同他一起叛乱并被他派往西班牙向朝廷反驳恩西索所提起的诉讼的那个亲信，返回并告知巴尔沃亚，事态的发展对他十分不利，他甚至性命难保。那个受了欺骗的“学士”，已经把这个夺走他权力的匪徒告上了法庭，法庭判决，巴尔沃亚要对他给予赔偿。另外，那个可能挽救他命运的关于附近南海的信息却还未送达西班牙。无论如何，下一艘船肯定会送来一名法庭人员，对巴尔沃亚的叛乱行为进行清算，要么将他就地处决，要么给他套上枷押回西班牙。

自己已经输了，巴尔沃亚已清楚地意识到这一点。在人们得到他那有关附近南海和黄金海岸的情报之前，对他的判决已经执行。毋庸置疑，当他的头颅滚落在地的时候，将会有另外一个人利用他的情报前去完成他梦寐以求的事业；而他自己则已对西班牙没有任何指望了。众所周知，国王任命的那个合法总督因他而丧命；是他擅自赶走了那个行政长官——若惩戒他胡作非为的方式仅仅是把他投入监狱，而不是上断头台，那样的判决真可谓万幸——因为他已不再拥有任何权力；而他所能指望的最佳辩护者——黄金，其微弱的声音还不足以保证他能获得宽恕。现在，只有一件事能挽救他，使他免受因大胆的冒险行为而招致的惩罚——那就是去做一件更为大胆的事。倘若他在法庭人员到达前，在捕役给他套上枷锁前，找到那另一片海洋和那个黄金国，那么，他就有可能拯救自己。对他而言，在这文明世界的尽头，也只有这样一种逃脱的方法，即逃到显赫的行为之中，到不朽的事业中寻求庇护。

于是，巴尔沃亚下了决心，不再等待为征服另一片新海洋而从西班牙请来的一千名士兵，同样，他也不会坐等法庭人员的到来。他要率领与他一样意志坚定、为数不多的伙伴们一起去实现这一伟大壮举！与其束手待毙，带着耻辱被拖上断头台，毋宁为这项在任何时代都堪称壮举的冒险事业光荣地死去。巴尔沃亚召集来该殖民地的所有人员，讲明他要横越地峡的意图，同时也并不讳言路上将面临的许多险阻，然后问他们，有谁愿意跟他一起去？他的勇气鼓舞了大家。190名士兵——几乎是该殖民地所有的武装人员均报名参加。因为这些士兵始终处于战争状态，所以不必进行长时间准备。1513年9月1日，巴尔沃亚——这个集英雄与匪徒、探险家与叛乱者于一身的人物，为逃避断头台或牢房，开始了他的旅程——到不朽的事业中去寻求庇护。

永载史册的瞬间

他们是从考伊巴地区开始横越巴拿马地峡的，那里是卡雷塔酋长——他的女儿已成为巴尔沃亚的生活伴侣的小王国，但正如后来所证实的那样，巴尔沃亚选择的这一地区并非巴拿马地峡最为狭窄的地段，由于不了解这些，他绕道而行，多走了许多艰险的路程，不过，对他而言，在如此冒险地孤军深入一个未知区域时，有一个友好的印第安人部落保证他的补给或掩护他的撤退非常重要。现在，全体人马——190名配备着剑、矛、弓箭、火枪的士兵和一群强壮凶猛的狼狗，乘十条大独木舟离开达连，渡海到达考伊巴，那位结盟的酋长派自己部落的印第安人当向导并带来驮物的牲畜。

9月6日，他们开始了横穿地峡的光荣之旅。对这群久经考验、勇猛顽强的冒险家而言，穿越这地峡仍然是对他们意志力的一次挑战。这群西班牙人必须忍受那令人窒息、虚脱和疲惫不堪的赤道灼热气候，首先穿过低洼地，即便在数百年后修建巴拿马运河时，这里的沼泽泥潭和蔓延的疟疾也曾使数千人丧生。这条通向人迹未至地区的路，从一开始就需要用刀斧和利剑在有毒的藤萝丛林中披荆斩棘地开出来，犹如穿越一座硕大无朋的绿色矿井，走在前面的开路者在灌木丛中辟出一条狭窄的坑道，然后，这支排得长长的望不到尽头的西班牙占领者的军队，便一个接一个地沿着这坑道前行。武器始终握在他们的手中，他们时刻保持着高度警惕，以防土著人的袭击。巨大潮湿的树盖宛若穹顶罩在头上，其下是令人窒息的闷热、阴暗和沉沉雾气，树冠之上则是烈日炎炎，酷热的气候使人口干舌燥，汗流浃背。这支背负沉重装备、拖着疲惫脚步的队伍，就这样一里一里地向前行进。突然间，暴雨如注，小溪会猛然暴涨，变成湍湍急流，他们必须蹚水前行，或者从印第安人架起的、摇摆不定的树索桥上通过。

这些西班牙人携带的粮食，只不过是很少的一点玉米，很快，他们就困倦疲惫，饥渴难当，身边萦绕着成群的咬人吸血的昆虫，刺芒划破了衣裳，脚部受了伤，眼睛充满血丝，脸上被“嗡嗡”叫个不停的蚊子叮得肿了起来。经过一周的行军，大部分人已坚持不下去了。巴尔沃亚明白，真正的危险还在后面。于是，他宁愿留下所有害热病的人和无法再行军的人，只带领那些经过挑选的人去完成决定性的冒险行动。

终于，地势开始升高，在低洼的沼泽地里才能生长繁茂的热带丛林渐渐稀疏了。于是，树荫无法再替他们挡住烈日的烤炙，赤道的阳光明晃晃地射向他们，沉重的装备被晒得着了火似的滚烫。

这群极度疲惫的人迈着极小的步子，缓缓地攀登着通向高山顶的斜坡，连绵不绝的山岭像一道石头的背脊，隔开了两个大洋之间的狭长地带。渐渐地，视野开阔起来，空气清新起来。看来，历经18天艰苦卓绝的跋涉，最大的困难已被克服了。一条山脊高耸于他们的眼前。据那几个印第安人向导说，在那山峰上能眺望到两个海洋——大西洋和另一个当时尚不为人知的太平洋。

可是，正当他们就要最终战胜大自然顽强、莫测的抵抗时，一个新的敌人又出现了。当地的一个印第安人部落酋长率领数百名战士，试图阻挡他们。巴尔沃亚有着丰富的同印第安人作战的经验，他知道只需发射一排火炮就可奏效。那人造的闪电和惊雷，足以向土著人示威，表明其所具有的魔力。惊恐的土著人则会喊叫着在西班牙狼狗的追逐下四处奔逃。但此次，巴尔沃亚并不满足于这种轻易就可获取的胜利，而是像所有的西班牙入侵者那样，以极为残忍、惨无人道的屠杀行为使自己臭名昭著：他把一批被缚住手足、失去自卫能力的俘虏交给一群饥饿的狼狗，观看他们被咬死、撕裂、嚼碎、吞吃的过程——以此来替代斗牛和击剑的刺激取乐，就这样，巴尔沃亚将名存史册的那天的前夜，一场令人睥睨唾弃的屠杀毁掉了他的名声。

这些西班牙占领者的性格与行为中确实存在着一种奇怪的令人费解的现象。一方面，他们以一种只有基督徒才有的虔诚，狂热地、诚心诚意地笃信上帝；另一方面，他们又凭借上帝的名义做出人类史上最卑劣无耻、惨不忍睹的行径。他们所具有的坚毅果敢、不畏艰险、勇于献身的精神确实能够成就世界上最伟大的事业，但同时他们又以最卑鄙的方式相互欺诈，而在这种卑劣行径中还掺杂着一种明显的荣誉感，一种令人钦佩和赞叹的对自己所肩负的历史使命的崇高意识。

巴尔沃亚就是这类人。在他把无辜的、失去自卫能力的俘虏让狼狗活活咬死的那个晚上，或许他还自鸣得意地摩挲过正滴着新鲜人血的狼狗的嘴唇，但同时，他又清醒地意识到自己的行为在人类历史上的意义，并在这一时刻设计出一种能使自己名垂青史的姿态。9月25日将成为具有世界性历史意义的一天，他清楚地知道这点，因而，这位顽强、执着的冒险家决定要以一种令世人赞赏的西班牙人独有的方式来表明自己是如何清楚所肩负的使命那超越时代的伟大意义。

巴尔沃亚的非凡姿态是这样的：那天晚上，即在那场血腥屠杀之后，他听到一名土人指着附近的一座山峰说，在那高山之巅即可望见尚不为人所知的南海。于是，巴尔沃亚果断决定，伤员和过度疲劳无法行走的人就待在这个刚被洗劫过的村落里，他命令所有还能行军的人——只有67人尚能行军，而他从达连出发时带走的是190人——去攀登那座高山。将近上午10点钟，他们已接近山顶，只要再登上一个光秃秃的小山包，就可以纵目远眺一望无际的天与海了。

恰在此时，巴尔沃亚命令全体人员停止前进，不得跟随他，因为他要独享第一眼望见这个未知大洋的荣誉，他要独自前行，成为在横渡我们这个世界最大的海洋——大西洋之后，见到另一个尚不为人所知的大洋——太平洋的第一个西班牙人、第一个欧洲人、第一个基督徒，并因此载入史册！这伟大的时刻即将来临，他不禁热血沸腾，心怦怦地跳动，左手擎旗，右手举剑，缓慢地向山顶攀登，四围是空旷寂静的群山阴影。他很从容地攀登着，并不焦急，因为成功在望。只差几步就要到达了，而且，剩下的步数愈来愈少，愈来愈少。

终于，他站在了顶峰。眼前的景象真是无与伦比。在山的斜坡后面，紧连着一片苍翠葱郁的山坡的，是一片波光粼粼，无边无际的令人炫目的大海。这就是那片尚不为人知的新海洋，在此之前，它只萦绕在人们的梦中而从未有人亲眼看见过。多少年来，哥伦布和他之后所有的冒险家们都曾寻访过这个波涛冲击着美洲、印度和中国的传说中的大海，但无人成功。而现在，巴尔沃亚却看到了这片海洋。他极目天际，内心充满骄傲和幸福，他完全陶醉于这样一种意念中：他的眼睛是映出这一望无际的蓝色海洋的第一双欧洲人的眼睛！

巴尔沃亚心醉神驰地久久眺望着远方，然后才呼唤他的伙伴们上来分享他的这份骄傲。那些人一边兴奋地叫喊着，一边攀登着，在激动中气喘吁吁地爬上了顶峰，用热切的目光尽情地眺望着远方，他们指点着，赞叹着。突然，随行的神父安德烈斯·德·巴拉唱起了感恩诗，霎时，喧闹与喊叫立刻消弭了，所有这些士兵、冒险家和匪徒们都用粗鲁而生硬的嗓音一起唱了起来。印第安人用惊异的目光看着这一切：他们按照神父的指示，将一棵树砍下，做成一个十字架并竖立起来，在上面用花体字刻下西班牙国王的名字，似乎十字架那向两旁延伸的横木能把两个相隔甚远的大洋——大西洋和太平洋抓住似的。

在一片静穆与沉寂中，巴尔沃亚站了出来，向自己的士兵发表了一通演说。他说，他们应感谢上帝，是上帝赐予了他们如此的荣誉，他们还应当祈求上帝，继续保佑他们去占领这海洋及这里所有的土地。并许诺，若他们能继续像过去那样忠实地追随他，那么，当他们从这新印度回去时，就将成为最为富有的西班牙人。说完这些，他便郑重其事地迎风高举旗帜，向四面挥动，以表明凡是风吹过的一切地方，西班牙都要去占领。然后，他让文书安德烈斯·德·巴尔德拉瓦诺起草一份文件，永远记下这庄严的一刻。巴尔德拉瓦诺摊开一张羊皮纸（在穿越原始森林的时候，他一直带着这张藏在密封木匣内的羊皮纸和墨水盒、羽毛笔），要求所有的贵族、骑士和士兵——“这些品德高尚、作风正派的人”、“这些托国王陛下的总督、卓越而极受尊敬的巴尔沃亚队长的福有幸见到南海的人”在文件上签字证明：“这位巴斯科·努涅斯·德·巴尔沃亚先生是第一位看到这大海的人，是他指给后来者看这大海的。”

之后，67个人才走下山顶，1513年9月25日，成为人类知晓地球上迄今未知的最后一片海洋的日子。

黄金和珍珠

一切终成事实，他们亲眼看到了这新的海洋。但他们还要抵达岸边，去亲身感受这浩瀚的海水，轻抚那拍岸而来的海浪，亲口尝尝海水的滋味，以及要去敛取那海滩上的战利品！从山上走下来，他们用了两天的时间，巴尔沃亚把队伍分成若干小组，以便找到一条从山麓到海边的捷径。由阿隆索·马丁率领的第3组首先抵达海滩。这个探险小组的成员全部被一种追求功名的虚荣心包围着，甚至连普通士兵都渴望留下不朽的名声。以至于那名平庸的阿隆索·马丁也赶紧让文书写下一份文件，用白纸黑字证明他是第一个在这尚未命名的海水中弄湿了自己的手和脚的人，为渺小的自己记下一笔如同尘埃般的不朽事迹。然后，他才向巴尔沃亚报告，他已到达海边，并用自己的手接触过海水。

巴尔沃亚又立刻为自己想出一种新的豪迈之举。第二天恰好是9月29日，米迦勒节，他出现在海滩边，只带了22名随从人员。他没有急匆匆地走到海水里，为了使自己看起来像圣米迦勒一般全副武装、在庄严的仪式中占领这新的海洋，他仿佛是这海洋的主人和受贡者一样，神气十足地端坐在一棵树下休息，等待上涨的海浪轻轻拍打着他的脚，好像一条温顺的狗用舌头舔着他的脚。然后他才站起来，背负盾牌——盾牌在阳光下如闪亮的镜片——一手执剑，一手高举那面有天主之母图像的卡斯蒂利亚旗帜，走入海水中，直到海浪拍打他的双髋，他才将全身浸入这片陌生的海水之中。接下来，巴尔沃亚——这个昔日的叛乱者和亡命之徒，现在成了国王最忠实的仆人和凯旋者——一边向四面挥舞旗帜，一边高声宣誓："卡斯蒂利亚、莱昂、亚拉冈的尊贵而伟大的君主斐迪南和胡安娜万岁！我要以他们的名义，为卡斯蒂利亚王室的利益，真正地永久占领这里的所有海域、陆地、海岸、港口和岛屿。我发誓。无论他是亲王还是船长，无论他是基督徒还是异教徒，也无论他是什么信仰或是什么地位，若他胆敢对这里的陆地和海洋提出任何权利，我就要以卡斯蒂利亚二王的名义来保卫，因为这里的陆地和海洋目前已是二王的财产，只要世界存在，只要最后审判的日子还没有到来，这一切就永远是他们的财产。"

那些西班牙人全都重复着这样的誓言，他们的声音压过了海风的呼啸。接着，每个人都用自己的嘴唇舔了舔海水。文书安德烈斯·德·巴尔德拉瓦诺将这一幕占领仪式再次记录下来："这22人以及文件起草人安德烈斯·德·巴尔德拉瓦诺是第一批将自己的脚踏进这片海的基督徒，他们每个人都用手接触过这海水、并且用嘴

品尝过，以便弄清它是否与其他海里的水一样是咸的。当他们确认是咸的海水时，便齐声向上帝感恩。”

伟大的事业终于完成。现在他们要获得这种英勇的冒险行动所带来的实惠。他们从一些土人那里掠夺或者换来一些黄金。不过，在他们享受胜利的喜悦时，还收获了意外的惊喜。即附近岛屿有数不胜数的珍珠。在印第安人送给他们的一捧捧价值不菲的珍珠中，有一颗塞万提斯和洛佩·德·维加都曾赞美过的被称为“佩莱格里纳”的珍珠，作为一颗最美丽的珍珠，它被镶嵌在西班牙国王的王冠上。这帮西班牙人把这种宝贝塞满了大大小小所有的口袋；但在这儿，珍珠并不比贝壳和沙粒更贵重。当他们贪婪地打听着那在他们心目中最为重要的东西——黄金时，一位印第安人酋长伸出手向南部天边隐约起伏的山脉说，山的那边是一片蕴藏无穷宝藏的土地，那里的国王举行宴会时用的都是黄金制成的杯盘；用四条腿的硕大牲畜——酋长指的是美洲驼——把贵重物品一包一包地驮进国王的宝库之中，他说出这个大海之南、山脉后边的国家的名字时，发出了像“皮鲁”的声音，听上去十分悦耳又非常陌生。

在酋长伸手指向的遥望地方，有山峦隐约消失在地平线上，那发音柔和、极富魅力的“皮鲁”二字立刻深深地印在巴尔沃亚的心里。他的心怦怦跳动着，难以平静。这是他此生中意外得到的第二次伟大预示。柯马格莱所预示的关于附近有南海的这第一个伟大使命已经完成。他找到了这撒满珍珠的海滩和南海。现在，第二个使命又出现了：去发现和征服这个地球上的黄金国——印加帝国，说不定他也能胜利完成。

神明很少保佑……

巴尔沃亚贪婪的目光一直落在遥远的天际，“皮鲁”亦即“秘鲁”，这两个字犹如圣钟之音在他灵魂深处回响。不过，这回他不得不忍痛舍弃！他无法再去冒险了。带着二三十个精疲力竭之人，没法去征服一个王国。看来只有先返回达连，养精蓄锐之后，再沿着现在找到这条路前去征服那新的黄金国。归途中，他们仍然遇到了不少困难。这帮西班牙人必须吃力地再次穿越热带灌木丛林，必须再次战胜土著人的袭击。况且，他们目前已非精锐部队，而是一小队身染热病、使尽最后一点气力蹒跚而行的人。巴尔沃亚自己也濒临死亡边缘，几名印第安人用一张吊床抬着他。在经过了4个月艰苦卓绝的行军后，1514年1月19日，他们终于返回了达连。

这人类历史上最伟大的行动之一终于还是完成了。巴尔沃亚实现了自己的诺言，每一个同他一道冒险前往那未知地域的人都获得了财富。他的士兵从南海沿岸带回来的财宝如此之多，是哥伦布和另外几个西班牙征服者所无法企及的，其他的一切殖民者获得的也仅仅是他们的一部分。1／5的战利品被巴尔沃亚进贡给朝廷。在分配战利品时，与其他任何一个参战者一样，这个凯旋者也给自己的狼狗莱昂西科保留了一份：500金比索，以奖赏酬答它那样凶恶地撕咬那些不幸的土著人的皮肉。对此，无人非议。巴尔沃亚获得这些成就后，在这块殖民地上已经无人再对他作为总督的权威提出异议了。这位冒险家和叛乱者已被人们奉若神明。他已经自豪地给西班牙送去这样的信息：他为卡斯蒂利亚朝廷完成了自哥伦布以来最伟大的事业。这轮时来运转的红日已拨开迄今为止压在他命运之上的层层阴云。可以说，他的时运正如日中天。

然而，巴尔沃亚的好景不长。几个月后的一天，那是6月里一个阳光明媚的寻常日子，不寻常的是，达连的居民竟都集聚到海滩上。只见在水天相接的远方，一张白帆出现了，在这偏僻的世界一角，这本身就是一桩奇迹，可是你看，紧接着，又出现了第二张白帆、第三张白帆……不一会儿，已经出现了10艘，不，15艘，不，20艘帆船——是整整一支舰队在驶向海港，不久，他们就明白了一切：这是巴尔沃亚的信引来的，但不是他报告凯旋的那封信——那封信还未到达西班牙——而是他在那之前写的那封信，在那封信里他第一次转述了印第安人酋长关于附近的南海和黄金国的信息，并请求派来一千名士兵，以便去征服那些土地。西班牙朝廷毫不迟疑，立即为这次远征行动派遣来一支如此强大的舰队。

对于佩德拉里亚斯来说，这里发生的一切并不令人愉快。他一方面肩负这样的使命：追究叛乱者巴尔沃亚驱逐前总督的罪责，要么证实他有罪，将他逮捕归案，要么证实他无罪；另一方面，他还肩负着去找到南海的使命。但是，当佩德拉里亚斯换乘小船抵达岸边时，就立刻获悉，那个他打算审判的巴尔沃亚已亲自完成了这一不朽事业，佩德拉里亚斯所期盼的凯旋已被这个叛乱者所实现。巴尔沃亚为西班牙朝廷做出了自发现美洲以来最伟大的贡献。因此，现在他不能将这样一个人像处置恶劣的罪犯似的送上断头台，而必须礼貌地向他致以问候，热切地表达祝贺。事实上，此时此刻，巴尔沃亚已经失败了。佩德拉里亚斯永远不会原谅这个竞争对手独自完成了这一伟大事业。因为这本是一项由佩德拉里亚斯来完成的事业，而且他肯定会因此而流芳千古。但是，为了不过早地去激怒这些殖民者，他暂且把对他们心目中的英雄——巴尔沃亚的怨恨隐忍下来，把对其罪责的追究无限期地拖延下去。为了制造一种和平的假象，他甚至将自己还留在西班牙的亲生女儿许配给巴尔沃亚。虽然他内心深处对巴尔沃亚的嫉恨并未有些许的减少，反而正在与日俱增。

现在，西班牙人已获悉巴尔沃亚所完成的业绩，一纸委任状已从西班牙送到这里，给这个过去的叛乱者补授了适当的头衔，即任命他为总督并告知佩德拉里亚斯，若遇重要事情须同他相商。然而，对于两位总督来说，这一片土地实在是太小了，其中的一位必将难免屈服对方、甚至垮台的命运。

巴尔沃亚感到形势对他不利，时刻有遭遇不测的危险，因为佩德拉里亚斯手握军权与司法权，于是，他决定第二次到不朽的事业中寻求庇护，因为他第一次这样做时，获得了非凡的成功。于是，他请求佩德拉里亚斯允许他装备一支远征队，前往南海沿岸，去探察并占领它周围的广袤土地。其实，这个老谋深算的老叛乱者的真正意图是：到南海沿岸去，摆脱一切监视，建立起自己的舰队，使自己成为那片土地的真正主人，一旦时机成熟，就去征服传说中的秘鲁——那新世界里的黄金国。佩德拉里亚斯狡诈地应允了。他想，若巴尔沃亚在此次行动中丧命，那么就正中他的下怀；若巴尔沃亚获得了成功，那么他仍可缓图，他有的是时间来将这个过于贪图名利的人置于死地。

于是，巴尔沃亚再次到不朽的事业中去寻求新的庇护。他期望，这第二次行动能带给他比第一次行动更高的荣誉。然而，尽管命运总是青睐有成就者．他的第二次行动却没有获得与第一次行动相同的荣耀。此次的横越地峡，巴尔沃亚不仅带领了自己的队伍，而且还让数以千计的土著人拉着木材、木板、船帆、铁锚以及四艘双桅帆船用的绞盘长途跋涉，想借此来强占沿岸所有的土地，去征服那些盛产珍珠的岛屿以及富有传奇色彩的秘鲁。

然而，这一次，命运却与这位勇敢的冒险家作起对来，他连连受挫。在穿过潮湿的热带灌木丛时，木材被蠹虫蛀毁了；到达目的地后，他又发现木板已全部霉烂了，根本无法使用。但巴尔沃亚仍然信心十足，没有气馁，他命令人们在巴拿马海湾砍斫新木料、锯成新木板。他的才干创造出新的奇迹，眼看万事俱备：预备在太平洋上航行的第一批双桅帆船已建成了。可是突然间，停泊着竣工船只的河流暴发了洪水，把造好的船只冲走了，并且把他们在海上撞成了碎片。

巴尔沃亚不得不第三次重新开始。现在，两艘双桅帆船终于又建造好了，只需再造两三艘这样的船，他就可以出发了。自从那个印第安人酋长用伸开的手指向南方以及第一次听到那充满诱惑的名字“皮鲁”之后，他就想去征服那片梦想中的土地。现在，只要再有几名勇敢的军官和一支装备精良的后备军队，他就可以去建立自己的王国了！只要再有几个月时间，只要他心目中的伟大设想能遇上一点点好运，那么，名垂史册的、打败印加人、征服秘鲁的人将不是皮萨罗，而是巴尔沃亚。

但是，即使是命运的宠儿，也无法永远得到命运的眷顾。众神只保佑这个凡夫俗子完成了一项不朽的事业，从此掉头不顾。

毁 灭

巴尔沃亚以坚强的毅力为自己的伟大计划做着准备。然而，这种伟大计划所获得的成功，却给自己招来了灭顶之灾。因为佩德拉里亚斯猜忌的目光一直在不安地注视着、揣测着自己这个下属的意图。不知是由于叛徒出卖，使他得知巴尔沃亚野心勃勃地要建立自己的统治；还是纯粹出于嫉恨，担心这个昔日的叛乱者获得再次的成功。总之，他突然致信给巴尔沃亚，言辞恳切，希望在他开始远征之前，最好回到阿克拉——达连附近的一座城市——来进行再次的商谈。由于巴尔沃亚期望能进一步得到佩德拉里亚斯的兵力援助，因此，他立即按信上的要求返回。一小队士兵在城门外迈着正步迎向他，好像前来迎接他似的。他兴高采烈急匆匆地向他们走去，为的是要去拥抱他们的队长——他自己多年的战友、发现南海时的伙伴、可信赖的朋友弗朗西斯科·皮萨罗。

可是，皮萨罗却把手重重地按在他的肩上，宣布他已被捕。同样渴望做出一番不朽事业的皮萨罗，也渴盼着能去征服那黄金国，因此，当他得知要除掉这个实力强劲、肆无忌惮的障碍时，心里没一丝犹豫。佩德拉里亚斯总督对这场所谓的叛乱进行了审判，并做出了不公正的判决。数天之后，巴尔沃亚与他的几个最忠实的伙伴被送上了断头台。随着刽子手的刀斧一闪，巴尔沃亚人头落地，他的眼睛在一秒钟之内便永远地闭上了，这是人类的一双非同寻常的眼睛——它们曾经第一次在同一时刻看到过环抱我们地球的两个大洋。

亨德尔的复活

亨德尔是有史以来最伟大的作曲家，我极愿跪在他的墓前。

——贝多芬

亨德尔伟大得像宇宙似的天才……

——李斯特

1737年4月13日下午，乔治·腓特烈·亨德尔的仆人坐在布鲁克大街那幢房子底层的窗前，做着一件令人啼笑皆非的事。他刚刚发现自己备用的烟叶已经抽完，有点恼火。其实他只需走过两条街，到自己的女友多莉的小杂货店去一趟，就可以弄些新烟叶，但他此刻却不敢离开这房子半步，因为，他的主人——那位音乐大师正处在盛怒之中，这令他感到害怕。乔治·腓特烈·亨德尔在排练结束归来时就已怒不可遏，涌上来的血液使他的脸涨得通红，两侧太阳穴处青筋暴绽，他砰的一声关上了房门。此刻，他正在二楼的房间里如困兽般烦躁地走来走去，地板被震得“嘎嘎”作响，仆人在楼下听得一清二楚。主人在大发雷霆，仆人知道此时自己最需要表现得恪尽职守。

于是，仆人只好做点别的事来消遣，这会儿，他不是从自己嘴里吐出一圈圈漂亮的蓝色烟雾，而是用自己那短短的陶瓷烟斗吹起了肥皂泡。他弄了一小瓶肥皂水，乐颠颠地将五颜六色的肥皂泡从窗口向街上吹去。路过的行人停下脚步，饶有兴致地用手杖将这些彩色圆泡泡一个一个地戳破，还一边愉快地挥着手，一点也不感到讶异，因为在布鲁克大街的这幢房子里什么样的事都会发生：有时候，深更半夜会突然有喧闹的羽管键琴声传出；有时候，能听到某个女歌唱家在里面号啕大哭或哽咽抽泣，因为她们把一个1／8音符唱得太高或太低，惹得那个暴躁易怒的德国人向她们大发雷霆。对格罗斯文诺住宅区的街坊邻居们来说，这幢布鲁克大街25号房子一直以来就像个疯人院。

仆人一声不响地、不停地吹着五彩的肥皂泡。一会儿的工夫，他的技艺明显提高，那些晶亮的小泡泡，个儿越来越大，表面越来越薄，飘得越来越高，越来越轻盈。有一个小泡甚至飘过大街，飞到对面那幢楼房的二楼。突然，他被一声闷响吓了一跳，整幢房子都因这闷响而震动起来，玻璃窗咯咯响着，窗帘晃动着。楼上一定有件大而重的东西摔倒在地上了。仆人从座位上跳起来，急忙顺着扶梯跑到楼上主人的工作室。

那把主人工作时坐的软椅是空的，房间里也是空的。仆人正要快步走进卧室去看看时，却猛然发现亨德尔纹丝不动地倒在地板上，两眼睁着，目光呆滞。仆人一惊，愣在那里，只听到主人发出沉闷压抑的喘息声，那一向身强力壮的主人仰卧在地板上艰难地呻吟着，像要窒息一般，呼吸愈来愈弱了。

他要死了！惊慌的仆人这么想着，于是急忙跪下来抢救处于半昏迷状态的主人，但他没法把主人扶起来，抱到沙发上去，因为这位身材魁梧的主人实在太沉重了，于是他只好先把那条勒住主人脖

颈的围巾扯下来，那憋气的呼噜声也随之消失了。

亨德尔的助手克里斯多夫·史密斯这时从楼下走上来——他是为了抄录几首咏叹调才刚刚来到这儿的——他也被那沉闷的倒地声吓了一跳。他们两人现在合力将这个沉重的大汉抬到了床上——亨德尔的双臂死人般软弱无力地垂下来——他们扶他躺好，垫高头部。“脱下他的衣服，”史密斯用命令的语气对仆人说道：“我马上去找医生，你往他身上洒些凉水，直到他醒过来。”

克里斯多夫·史密斯没穿外套就跑了出去，时间急迫，刻不容缓。他匆忙地沿着布鲁克大街向邦特大街走去，一边向所有遇到的马车招手，可是那些神气十足的马仍然自顾颠着小步，马车慢悠悠地驶过去，对这个只穿着衬衫、跑得气喘吁吁的胖男人不加理会。最后总算有一辆马车停了下来，原来是钱多斯老爷的马车夫认出了史密斯。史密斯顾不上一切繁文缛节了，他一把拉开车门，对车内的公爵大叫：“亨德尔快死了！我要赶快去找医生。”他知道这位公爵平素酷爱音乐，是他所爱戴的这位音乐大师的挚友和最热心的赞助人。公爵二话不说，要他马上上车。那几匹马紧接着猛挨了几鞭子。

不一会儿，他们把那位正忙着化验小便的詹金斯大夫从他在弗利特大街的寓所里请了出来，他立刻与史密斯一起乘他自己的那辆轻便双轮双座马车赶往布鲁克大街，在途中，亨德尔的助手绝望地喋喋不休：“完全是过多的忧愁烦恼把他摧垮的，是那些人把他折磨死的，这些该死的歌手和阉伶，这些无耻的马屁精和吹毛求疵的挑剔鬼。全是一群令人憎恶的蠹虫。为挽救剧院，亨德尔一年创作了四部歌剧，而其他人却在讨好女人和宫廷，尤其是那个意大利人，把众人弄得像发疯了似的，这个该死的阉伶，这只颤着嗓子尖叫的猴子。唉，他们怎能这样对待我们好心肠的亨德尔啊！他已倾其所有，那可是整整一万镑啊！可这帮人却还在向他逼债，要把他置于死地。从来没有一个人像他这样成就非凡，也从来没有一个人像他这样倾其所有，可是，像他这么工作，就是巨人也会垮掉的。唉，一个多么了不起的人啊！伟大的天才！”

詹金斯大夫默默地、冷静地听他诉说着，在走进寓所前，医生又吸了一口烟，他一边从烟斗里磕出烟灰，一边问：“他多大年纪了？”

“52岁。”史密斯回答道。

“这样的年纪最糟糕，他肯定会像一头牛似的拼命工作。但这样年纪的人，也会像牛似的强壮。好了，看看我能做些什么。”

仆人端着一只碗，克里斯多夫·史密斯将亨德尔的一条手臂举了起来，医生割破血管，一注鲜红的热血淌了出来。不一会儿，亨德尔紧抿的嘴唇松开来，叹出了一口气，他深深地呼吸起来并睁开了双眼，但眼神显得那样地异样、疲倦，没有知觉和神采。医生绑扎好他的手臂，准备站起来，好像没有他可做的事了，这时他发现病人的嘴唇在翕动。他靠近前去，听见亨德尔在断断续续地叹气

诉说着，语气非常轻，好像只是在喘着气似的：“完了……我完了……没力气了……没力气。我不想活了……”詹金斯大夫弯下身来看他，发现他的一只眼睛——右眼发直，另一只眼却在转动。大夫试着拎起他的右臂，一松手，右臂就垂落下去，好像没有知觉，接着。他又举起亨德尔的左臂，左臂却能保持这种新姿势，詹金斯一切都明白了。

大夫离开房间后，史密斯一直跟到楼梯口，心神不宁地问道：“是什么病？”

“中风，右半身瘫痪。”

“那么，他……”史密斯踌躇地顿了一下，“能治愈吗？”

詹金斯大夫不紧不慢地吸了一撮鼻烟。他不喜欢别人这样问他。

“也许能，任何事情都可以说有可能。”

“如此说来，他要这么一直瘫痪下去啰？”

“看来是这样，除非有什么奇迹出现。”

对亨德尔忠心耿耿的史密斯并未罢休。

“那么？他至少可以恢复工作吧？若不能创作，他根本没法活下去。”

詹金斯大夫已站在楼梯口了。

“再不可能继续创作了。"他轻轻地说道，“我们也许能保住他的生命，但我们难以保住他的天分。因为这次中风会影响他的大脑的活动。”

史密斯呆呆地望着大夫，眼神中流露出的痛苦和绝望，终于使大夫动了恻隐之心。“我方才不是说过，”他重复道，“除非出现奇迹，当然，我的意思是，现在我还没见到奇迹。”

乔治·腓特烈·亨德尔有气无力地生活了四个月，而力量就是他的生命。他那右半身如同死掉了一般。他没法走路，不能写字，不能用右手弹一下琴键。他也没法说话，由于右半身从头到脚都瘫痪着，以至他的嘴也可怕地向一边歪着，从嘴里只能含混地吐出几个字。当朋友为他演奏音乐时，几丝光芒会从他的一只眼睛里射出，随后，他那无法控制的庞大身躯便乱动起来，像一个梦魇中的病人。他企图用手来和着节拍动，可四肢如同冻僵了一般，筋肉都不再听使唤——那真是一种可怕的麻木：这位平素魁梧健壮的男人感到自己已被困在一个无形的坟墓里了。而当音乐声一消失，他的眼睑马上又沉重地合上，像一具尸体似的躺在那里，这位音乐大师显然是无法痊愈了，詹金斯大夫出于无奈，建议把病人送到亚琛去，也许那里滚烫的温泉水能使他的病情略有好转。

正如蕴藏地底下的那种神秘的滚热泉水一样，在亨德尔僵直的躯体中也潜藏着一股无形的力量：这就是亨德尔的意志——他生命中的原动力。这种力量没有屈服于命运带给他的毁灭性打击，它不情愿让永恒的精神力量受制于那短暂易逝的躯壳。这位体魄魁伟的男人并未轻易言败，他要活下去，他还要创作。而正是这种意志力创造了违反常规的奇迹。亚琛的医生们曾再三郑重地告诫他，在滚烫的温泉水中不能超过3个小时，否则，他的心脏将难以承受，他会被置于死地。然而，为了能活下去，为了自己那难以抑制的欲望——恢复健康，他敢于冒死亡的风险。亨德尔每天在滚烫的温泉中泡9个小时，医生们对此惊讶不已，他的耐力不断增加。一星期后，他已能重新拖着身体艰难地走动，两个星期后，他的右臂已开始能活动了。顽强的意志和坚定的信心终于大获全胜，他再一次挣脱了死亡的枷锁，重新获得了生命。这一次胜利比他以往任何一次胜利都更加伟大和激动人心；那种难以形容的喜悦，只有他这大病初愈的人自己知道。

亨德尔离开亚琛的那一天，他已完全行动自如了，他走到教堂。过去，他从没表现得如此虔诚，而现在，当他迈着上天重新赐予他的自如的步履走上摆放着管风琴的唱诗台时，他的情绪格外激动。当他用左手试探着按了按键盘时，风琴发出的清越、纯正的音乐在大厅里回旋；随后，他又迟疑着想用右手去试一下——右手藏在袖管中许久了，已经变得僵硬了。可是你瞧，随着右手的按动，管风琴也同样发出了美妙悦耳的声音。他开始慢慢弹奏起来，随着自己的思绪弹奏着，内心也随着琴声跌宕起伏。管风琴的声音如同无形的方石，垒起层层的宝塔，奇妙地一直抵达那同样无形的顶峰。这是天才的构筑，它壮丽地越升越高，但它又是那样的无迹可求，只是一种无形的光芒，用声音发出的光。一些不相识的修女和虔诚的教徒在唱诗台底下专注地倾听着，他们还从未听过一个凡人能演奏成这样，而亨德尔只是谦恭地低头不停地弹着，他终于重新找回了自己的语言。他用这种语言向上帝、人类以及永生倾诉。他终于又可以弹奏乐器、创作乐曲了，此时此刻，他才知道自己真正痊愈了。

“我从地狱回来了。”乔治·腓特烈·亨德尔挺起宽阔的胸膛，伸出有力的双臂，自豪地对伦敦的詹金斯医生说道。医生由衷地对这种奇迹般的治疗效果表示惊叹。这位重获健康的人又一如既往地全身心投入到工作中去了，他拥有狂热的工作激情和双倍的创作欲望。曾经的那种视奋斗为乐事的精神又重新回到这个53岁的人身上。他那痊愈的右手已可以随心所欲地使唤，他创作了一部歌剧，接着，又写了第二部、第三部歌剧，他创作了大型清唱剧《扫罗》《在埃及的以色列人》以及小夜曲《诗人的冥想》，他的创作灵感就好像从积蓄多年的泉水中汩汩流出而不会枯竭。

不幸的是时运不佳。因卡罗琳王后逝世，演出中断了，随后是西班牙战争爆发，虽然每天都有人聚集在公共场所呼喊和高歌，但是剧院里却一直是空空如也，于是剧院债台高筑，接着寒冷的冬季到来了，伦敦被冰雪覆盖，泰晤士河都冻住了，雪橇行驶在晶亮的冰面上，发出咔嚓咔嚓的声音。在这天寒地冻的时节，所有的音乐厅都关闭了大门，没有一种天使般的音乐能在这样空旷冷清的大厅里与严寒抗衡。接下来，歌唱演员一个接一个地病倒了，演出也不得不一场接一场地取消了；亨德尔的处境也越来越糟了。债主盈门，评论家讥讽，而公众则一直持漠不关心和沉默的态度；这位穷途末路的勇士，信念渐渐崩溃了。虽然他暂时凭借一场义演摆脱了负债累累的困境，但过着这种乞丐般的生活，又是多么令人羞耻！于是亨德尔开始离群索居，心情日益低落。早知如此，当初半身瘫痪岂不比现在全身清醒灵活的面对困境更好？

到了1740年，亨德尔重又感到自己是一个失败者。昔日的荣耀已如渣滓和尘埃。虽然在困境中，他还整理着自己早期的作品，并偶尔创作一些小品类的作品，但那种巨流般奔涌的灵感已枯竭。在他那康复了的身体内，那种原动力已然消失。他，这个身材魁伟的男子汉第一次感到自己心力交瘁。这个勇于奋斗的人第一次感到自己已被击败。这个35年来创作激情始终异常充沛的人第一次感到创作灵感的断流枯竭，那神奇的曾经激流般奔涌的创作灵感仿佛已经彻底地离开了他。他又一次完蛋了。他，一位完全陷于绝望境地的人明白，或者他自以为很清楚：这一回是彻底失败了，他仰天长叹：既然世俗要再次置我于死地，上帝又何必让我从病患中重生？与其现在像阴魂一样在冰冷寂寞的世界上游荡，还不如当初死掉了更好。但有时，他于悲愤中却又喃喃低诉着钉在十字架上的主的话："我的上帝呀，上帝，你为什么离开了我？"

一个被遗弃的人，一个绝望的人，对自己的一切都已心灰意冷，不再相信自己的力量，或许也已不再相信上帝，在那几个月里，每到晚上，亨德尔就在伦敦的街头徘徊。但都是在夜幕降临之后才敢走出自己的家门，因为在白天，债主们堵在家门口，手拿债据要拦住他；而且，在马路上的人们向他投来的目光也都是冷漠和鄙夷的。他曾一度打算逃到爱尔兰去，那里的人们依然景仰他的名望——唉，他们怎么会想到他已如此衰颓——或者逃到德国去。逃到意大利去；说不定到了那里，心灵的冰雪会再次消融；说不定在那令人神清气爽的南风的吹拂下，荒芜的心田还会重新迸发出美妙的旋律。

不，他实在无法忍受这种失去创作能力和无所事事的生活，他无法忍受乔治·腓特烈·亨德尔已经失败的现实。有时候，他在教堂前伫立，但他知道，他从主那里得不到任何慰藉。有时候，他在小酒馆里坐着，但若以为喝得酩酊大醉便会获得超然而纯净的创作灵感，那么其结果无非是劣质烧酒使人呕吐不止。有时候，他从泰晤士河的桥上呆呆地向下凝望，望着那夜一般漆黑的静静流淌的河水，甚至想到一咬牙跳进去来获得解脱！他已实在无法再忍受这种令人压抑的、无边的空虚以及这种远离上帝和人群的可怕的孤寂。

每到夜晚，他便这样一次又一次地踯躅在街头。1741年8月21日，那是非常炎热的一天，似乎有一块正在熔化的铁板笼罩在伦敦上空，天气阴沉、闷热。而亨德尔只能等到天黑后才能出门，走到格律恩公园去透一口气。他倦怠地坐在幽暗的树荫里，在那儿没有人能看见他，也没有人前来逼迫他。眼下，他厌倦周围的一切，就像重病缠身，他懒得说，懒得写，也懒得弹奏和思索，甚至厌倦自己的感觉、厌倦生存。这样活着有什么意义？为谁而活？他像一个醉汉，沿着蓓尔美尔街和圣詹姆士街走回家，只有一个渴望的念头在驱使着他：睡觉、睡觉，不想知道任何事，只要休息、安宁，最好是永远安息。

在布鲁克大街的那幢房子中已没有醒着的人了。他步履蹒跚地爬上楼梯——唉，他已经变得多么疲惫不堪，在那些人的催逼下，他已这般心力交瘁——他迈出的每一步都非常沉重，木头楼梯“咯吱咯吱”直响。终于，他走进了自己的房间，擦亮点火器，点燃写字台旁的蜡烛，他的动作完全是机械的，下意识的，如同他多年养成的习惯一般：要坐下来进行工作；他不由自主地、深深地叹了一口气，因为他从前每一次散步回来，总会带回一段主旋律，一到家就要马上记下来，免得睡一觉后忘掉了。可现在，桌子上是空空的，没有一张记谱纸。神圣的磨坊水轮凝固在冰冻的水流中；没有什么事即将开始，也没有什么事等待结束，桌子上空空如也。

但是且慢，桌子上并非什么也没有！一件叠成四方形的白色纸包不是在那里闪亮吗？亨德尔把它拿在手里。这是一个邮包，他感觉里面装的是稿件，他灵便地拆开封漆。最上面有一封信，是詹宁士——那位曾为他的《扫罗》和《在埃及的以色列人》作词的诗人写来的。信中说，他寄上一部新的剧词，希望他——伟大的音乐天才能多多包涵他拙劣的剧词，并且希望这些剧词能借助他伟大的音乐翅膀飞向永恒的天宇。

亨德尔突然站了起来，好像被什么可恶的东西触动了似的。难道这个詹宁士还要来讥讽自己—— 一个麻木不仁、已经死了的人？他一下子把信撕碎，揉成一团，扔到地上，踩上了几脚，一边怒骂道："这个无赖！流氓！"。原来这个不识趣的詹宁士刚巧碰到了他最深的隐痛，揭开了他内心的疮疤，这使得他更加痛苦愤懑。然后，他怒气冲冲地吹灭蜡烛，迷迷糊糊地摸进自己的卧室，和衣而卧，泪水突然夺眶而出。由于过分激动和衰弱，他全身颤抖不已。唉，这世界是多么不公平啊！一无所有的人还要遭受世人的讥讽，旧伤未愈，又添新创。他的心已经麻木，他的精力已消耗殆尽，为什么在这样的时刻还有人来招惹他？他的灵魂已然僵死，他的神志已然睡去，为什么在这种时候还要求他去创作一部作品？不，他现在只想睡去，像一头牲畜般迷迷糊糊地睡去，他只想忘掉一切，什么也不想干！他——一个被搅得心烦意乱的失败者，就这样懒散地倒在床上。

但是他无法入睡。他的内心极不平静，那是因为心情恶劣导致的莫名烦躁，满腔郁火就像暴风雨的海洋。他辗转反侧，睡意却越来越淡。他想，是否应起床去浏览一下剧词？不，对他这样一个已经死去的人而言，词句又能起什么作用！不，上帝已经让他坠入深渊之中，已经使他同神圣的生活洪流分隔开来，再也不会有什么能使他重新振作起来！不过，在他心灵的深处，仍然还有一股力量在涌动，一种神秘的好奇心在驱使着他；而且神志不清的他已经无法抗拒。

亨德尔猛地站了起来，走回房间，用因激动而发抖的双手重新点亮蜡烛。在他身体偏瘫的时候，不是已经出现过一次奇迹——使他重新站了起来么？说不定上帝也会带来使人振奋、治愈灵魂的力量。亨德尔把烛台移到写着字迹的纸边。第一页上写着《弥赛亚》，啊，又是一部清唱剧。他前些日子写的几部清唱剧都没有演出，不过，他还是翻开了封面，开始阅读——心情依然是不平静的。

然而，第一句话就令他怔住了。“鼓起你的勇气！”剧词就是这么开始的。“鼓起你的勇气！”——这歌词简直就像咒语，不，这不是歌词，这是神赐予的回音，这是天使从九重天外向他这颗沮丧的心发出的召唤。“鼓起你的勇气！”——这歌词好像顷刻间有了声音，唤醒了这怯懦的灵魂；这是一句充满激励情怀、鼓励人有所作为、有所创造的歌词，刚刚读罢和领会到这第一句，亨德尔的耳边仿佛已听到了它的旋律，各种器乐和声乐在飘飞、在咏叹、在狂啸，在歌唱。啊，多么幸运！各种乐器的口都打开了，他又重新感觉和听到了音乐！

当他一页接一页地往下翻的时候，他的手在不住地哆嗦着。是呀，他被唤醒了，每一句歌词都是对他的召唤，每一句歌词以不可抗拒的力量深深地打动了他。“主这么说！”——难道这句歌词不也是对他而言的么？难道不就是主的手曾经把他击倒在地，尔后又慈悲地将他从地上扶起的么？“他将使你心灵纯净”——是呀，这句歌词在他的身上应验了：他心中的阴霾已被扫净，心里豁然开朗。这声音犹如一束阳光，把心灵照彻，使它如水晶般纯净。

这个可怜的、住在戈布萨尔的蹩脚诗人詹宁士，是唯一了解亨德尔困境的人，除了他，谁还能在字里行间倾注这种激动人心的力量？“他们把祭品奉献到主的面前。”是呀！献祭的火焰已经在热烈的心中点燃，它直上云天，要去回应这庄严而美好的召唤。“这是你的主发出的强力召唤。”——这句歌词似乎是针对他一个人说出的，是啊，这样的歌词必须用最嘹亮的长号、怒涛般的合唱、雷鸣般的管风琴来演奏，就像神圣的耶稣基督在第一天再一次唤醒那些仍在黑暗中绝望地走着的人那样，“看，黑暗将笼罩着大地。”千真万确，因为黑暗依然笼罩着大地，因为众人都还没有领会得到被拯救的极乐，而此刻，他却已深深体味到这种极乐。

在他几乎是刚刚读完歌词之际，那感恩的合唱“伟大的主，你是我们的引路人，是你创造奇迹”就已经变成了音乐在他心中汹涌激荡——是啊，对创造奇迹的主就应该这样赞美，只有主知道如何来指引世人，而事实上，主已经给他这颗破碎的心以安宁！歌词还这样写道：“因为主的天使已向他们走去。”——是啊，天使已扇着银白色的翅膀飞临他的房间，触摸到他并且拯救了他。只不过此时此刻没有千万人的声音在欢呼、在感恩、在歌唱、在赞美：“光荣归于主！”这些还仅仅存在于他一个人的心里。

亨德尔伏案阅读着一页页的歌词，就像置身于一场暴风雨中，所有的疲倦都已消失。他还从来没有感到过自己的精力像现在这样充沛。也从来没有感到过自己像现在这样全身都充满强烈的创作激情。那些歌词就像消融了冰雪的阳光，不断倾泻到他的身上。每一句话都是那么富有魅力，说到了他心坎里，使他的心胸豁然开朗！“愿你快乐！”——当他看到这句歌词时，仿佛听到四面顿时响起气势磅礴的合唱，他情不自禁地抬起头来，伸展开双臂。“他是真正的救世主！”——是啊。亨德尔就是要证明这一点，尘世间还没有谁尝试过这样做，而他要高高举起自己的明证，如同在人世间树立起一面光芒四射的丰碑。只有饱尝忧患的人才懂得欢乐；只有历经磨难的人才会预感到仁慈的最后赦免；而他就是要在世人面前证实：在经历了死亡之后，他又复活了。

当亨德尔读到“他曾遭鄙夷”这句歌词时，又陷入了对往事痛苦的回忆中，音乐声也随之转入压抑、低沉。他们以为他已经失败了，在他的躯体还活着的时候就开始把他埋葬，还尽情地嘲笑他——“他们曾嘲笑地看着他”，“而当时没有一个人给这个苦难者以安慰”。是啊。在他走投无路的时候，没有一个人帮助他，没有一个人安慰他，但是，一种神奇的力量帮助了他。“他信赖上帝”，是啊，他信赖上帝，并且看到上帝并没有让他躺在坟墓里——“不过你不要把他的灵魂留在地狱。”不，上帝并没把他——一个身陷绝境、心灰意冷的人的灵魂留在绝望的坟墓里，留在坐以待毙的地狱中，而是又一次唤醒他，让他负起给人们带来欢乐的使命。“昂起你们的头！”——这样的歌词就好像来自他心灵的深处；但这是上帝给他的伟大指令！他蓦然一惊，恰恰在这一句的后面就是可怜的詹宁士用手写下的字：“这是主的旨意。”

他的呼吸屏住了。一个凡人不经意中说出来的话竟是如此准确。显然，这是主从上天传送给他的旨意。“这是主的旨意！”——这也是来自主的话语，来自主的声音，来自主的天意！一定要把这话语韵声音送回主那里，澎湃的心潮必须掀起狂澜向上天的主迎去，赞美主是每一个作曲家的欲望和责任。哦，应该紧紧抓住这句话，让它回环往复、延伸扩张、飞升翱翔，充满整个世界，要让所有的赞美声都围绕这句话，要使这句歌词像上帝一样伟大。噢，这句歌词或许是转瞬即逝的，但是音律和不竭的激情将使这句歌词上升到永恒的境界。现在你瞧，这上面写着：“哈利路亚！哈利路亚！哈利路亚！”应该用各种音乐进行无穷反复吟咏的这一句词，是呀，世间所有的嗓音：清亮的嗓音。低沉的嗓音，男子坚毅的嗓音，女子柔顺的嗓音，都应在这里汇合成一个声音。这“哈利路亚”的声音应该在有节奏感的合唱声中充溢、升高、旋转，如天上的白云般时聚时散。合唱的歌声将沿着音乐的天梯忽上忽下。歌声将随着小提琴优美的弓弦而悠扬宛转，随着长号嘹亮的吹奏而热情奔放，在管风琴雷霆般的乐声中而汹涌澎湃：这声音就是“哈利路亚！哈利路亚！哈利路亚！”——从这个词，从这个感恩词中创造出一种赞美歌，这赞美歌将如地上的雷霆般从尘世滚滚向上，最终回到万物的创造主那里！

亨德尔热血沸腾，泪水模糊了他的双眼。但是还有几页歌词没有读完，那是清唱剧的第三部分。然而在这“哈利路亚，哈利路亚”之后他再也无法读下去了。这几个用元音歌唱的赞美声已充溢他的心间，并不断地在蔓延、在扩大，如同喷涌而出的火焰，使人感到灼痛。啊！这声音在攒动，在拥挤，要从他的心里迸发出来，飞升上天，回到天空。亨德尔赶紧拿起笔，记下乐谱，飞快地写下一个个音符。他已无法停住，如同一艘在狂风骤雨中鼓满了风帆的船，一往无前。

四周是万籁俱寂的黑夜，无边的黑暗潮湿正静静地包裹着这座城市。可在他的心中却充满了光明，一切美妙的音乐都在他的房间里合鸣，只不过人们听不见罢了。

第二天上午，当仆人谨慎地走进房间时，亨德尔依然坐在写字台旁奋笔疾书。当助手克里斯多夫·史密斯胆怯地询问他是否需要帮他抄乐谱时，他没有回答，只是粗声粗气地嘟囔了一声。于是，再也没有人敢走到他的身边。就这样，三个星期，他都没离开房间。饭送来了，他只是用左手匆匆掰下一些面包，右手不停歇地写着，他无法停下来，他已完全沉醉其中。当他站起身，在房间里来回走动时，还在一边高声唱着，打着节拍，眼中流露出异样的目光。当别人同他讲话时，他好像刚醒过来似的，回答得含糊其辞，语无伦次。

这些日子可苦了仆人。债主来催债，歌唱演员来要求参加节日的康塔塔大合唱，使者们来邀请亨德尔到王宫去。仆人不得不把他们都拒之门外，因为哪怕他想要同正在埋头创作的主人搭上一言，也会遭到一顿劈头盖脸的斥责。在那几个星期里，乔治·腓特烈·亨德尔已没有时间概念，他分不清白天和黑夜，他完全生活在一个只有旋律和节拍来计量时间的环境里。他全身心都被从心灵深处涌出的奔腾激流裹挟着，作品越接近尾声，那神圣的激流愈湍急，愈奔放。他被囚禁在自己的心灵之中，踩着带有节奏的步伐。

走遍这间自己画地为牢的房间。他时而唱着，时而弹奏起羽管键琴，然后又重坐下来不停地写。直至手指生疼；他有生以来从未有过如此旺盛的创作欲望，也从未经历过如此殚精竭虑的音乐生涯。

三个星期以后，9月14日，作品终于完成了——这在今天是难以想象的，大概也是永远无法想象的，剧词谱上了声乐曲，前不久还是苍白枯燥的词句，现在已变成生动、美妙、永恒的声音。就像从前那瘫痪的身体创造了复活的奇迹一般，如今一颗被照亮的心灵创造了奇迹。

一切都已完成，曲已谱好，弹奏过了，歌词已变成了旋律。并且已振翅翱翔——只剩下一个词、作品的最后一个词——“阿门”还没有配上音乐。现在，亨德尔要抓住这个“阿门”——这两个紧密连续在一起的短促音节，创造一种直上云霄的声乐。他要给这两个音节配上不同的音调，同时配上不停变换着的合唱；他要使这两个音节延伸，同时又不断把它们拆开，以便重新结合起来，从而产生更加充满激情的效果。

他把自己巨大的热情如同上帝的灵气一般倾注在收尾的这个歌词上，要让它如同宇宙般宏大和充实。这最后一个词没有放过他，他也没有放过这最后一个词。他将这个“阿门”配上雄壮的赋格曲。使第一个音节——洪亮的“阿”作为最初的原声，在穹隆下回旋激荡，直至它的最高音达到云霄；这原声将愈来愈高，接着又降下来，然后再升上去，最后再加入暴风骤雨般的管风琴，而这和声的强度将一次高过一次，它四处振荡，充塞天宇，充塞在全部和声中，仿佛天使们也在一同唱着赞美歌，仿佛头上的屋宇梁架在永无休止的“阿门！阿门！阿门！”声中震裂欲碎。

亨德尔吃力地站起身，手中的羽毛笔掉了下来，他已不知自己身在何处，他看不见什么，也听不到什么。他已油尽灯枯，整个人精疲力竭。他不得不步履踉跄地扶着墙壁行走。他没有一点力气，神志迷茫。像个盲人似的沿着墙壁一步一步向前挪动，然后倒在床上，像个死人似的沉睡过去。

整整一上午，仆人轻手轻脚地旋开门锁，打开了三次房门，主人一直都在睡觉，身子像石雕一般纹丝不动，眼睛紧闭，嘴巴紧抿着，面无表情。到了中午，仆人第四次想把他唤醒他故意大声咳嗽，重重叩门，可是亨德尔仍然酣睡未醒，他的耳朵听不到任何声响和话语。中午，克里斯多夫·史密斯来协助仆人，而亨德尔仍像凝固了似的躺在那里，史密斯俯下身子看他时，只见他像一位战场上得胜后死去的英雄，在经过艰苦卓绝的战斗之后终因疲惫而死。就这样，他静静地倒在那里。不过，克里斯多夫·史密斯和仆人并不知道他所完成的功业和获取的胜利，他们只感到恐怖，因为他们看到他一动不动地躺在那里那么久，他们担心可能是又一次中风将他击垮了。

已经到了晚上，任凭他们使劲儿摇晃，亨德尔还是不愿醒来——他已经一动不动地软瘫着躺在那里17个小时了——这时，克里斯多夫·史密斯再次跑去找医生。他没有马上找到詹金斯大夫。因为医生为了享受这和风宜人的夜晚，到泰晤士岸边钓鱼去了，当终于找到他时，他还嘟嘟囔囔地，因为打搅了他的雅兴很不高兴。只是当他听到是亨德尔病了时，才收拾起钓线和渔具，去取来外科手术器械——这耽搁了一些时间——以便必要时使用，他估摸着可能需要这么做，终于，一匹小马拉着载着两人的马车，踏着橐橐的快步驶向布鲁克大街。

但仆人已站在那儿，挥动双臂向他们示意，隔着一条马路大声喊道："他已经起床啦，正在吃饭呢，吃得像六个搬运工那么多。他一下子狼吞虎咽地吃掉半只约克夏猪的肘子，他喝了我斟的四品脱啤酒，还嫌不够呢"。

果真，亨德尔正坐在桌前，桌上堆满各种食物，俨然一个心满意足的国王。正如他用一天一夜的时间补足了三个星期的睡眠一样，此刻，他正用自己魁伟的身躯的全部能量和食欲，猛吃、猛喝，似乎想要一下子把这三个星期耗在工作上的力气全都补回来。在几乎还没有和詹金斯大夫照一个正面时，他就开始笑了起来，笑声愈来愈响，在房间里萦绕、震荡、撞击。史密斯记起来了：整整三个星期里，他没见到亨德尔嘴边出现过一丝笑容，而只有那种紧张和怒气冲冲的神情。现在，那蓄积已久、源自本性的率真的愉快终于迸发出来了，笑声如潮水击拍岩崖，似波涛溅起浪花——亨德尔在他一生中从未笑得如此爽朗，如此天真，因为他是在知道自己的身心已完全治愈和充满对生活的热爱之际见到这位医生的。他高举啤酒杯，轻轻摇晃着它，向身穿黑色大氅的医生致以问候。詹金斯诧异地问道："是谁要我到这儿来的？你究竟是怎么了？是什么药酒使你如此精神焕发？这究竟是怎么回事？"

亨德尔一边用神采奕奕的目光望着他，一边笑着，然后渐渐地神情肃穆起来，他缓缓地站起身来，走到羽管键琴旁坐下，将双手在琴键上方凌空摆了一下姿势，然后又转过身来，诡谲地微微一笑，随即用半说半唱的语调轻轻地吟诵那咏叹调："你们听着，我告诉你们一个秘密！"——这也是《弥赛亚》中的歌词，歌词正是这样诙谐地开始的。

当他的手指刚刚伸进这温和的空气中，他的全身立刻也融进了这空气里，忘记了周围的一切，甚至自己。他沉浸在这独特的音乐漩涡之中，屏息凝神，顷刻间，便又重新陷入到自己的作品里，他唱着，弹奏着最后几首合唱曲；在此之前，这几首合唱曲似乎只是在梦中听到过，而现在，他是第一次清醒着听到了："啊，让你的痛苦死亡吧！"此时此刻，他感到自己内心深处充满对生活的热爱，他的歌声愈唱愈高，好像自己就是高唱赞美歌、热烈欢呼的合唱队。他不停地弹呀、唱呀，一直唱到"阿门，阿门，阿门"，他

的全部身心和全部力量都投入到音乐之中，各种声音充塞了整个房间，音乐的洪流好像要冲破房屋奔涌而出似的。

詹金斯大夫听得入了迷。当亨德尔最后站起身来时，他不知该说些什么，只是前言不搭后语地夸奖说："伙计，我还从未听到过这样的音乐。你一定是被施了魔法啦。"

此时，亨德尔却神色凝重。的确，连他自己也惊诧于这部作品的魔力，如有梦中神授。他不好意思地转过身去，用让其他几个人几乎都难以听清的声音说："不过，我更愿意相信是神帮助了我。"

几个月后，两位衣冠楚楚的先生来到艾比大街上的一幢公寓大门前，拜访那位来自伦敦的尊贵客人——伟大的音乐大师亨德尔，他旅居都柏林期间就下榻在这幢公寓里。两位先生毕恭毕敬地提出了他们的请求。他们说，几个月来，居住在这座爱尔兰首府的人为能欣赏到亨德尔如此精彩的作品而感到兴奋不已，在这儿，人们还从未聆听过如此美妙的音乐作品。现在，听人们说，他将要在这里首演他的新清唱剧《弥赛亚》，他要把自己最新的作品首先奉献给这座城市而不是伦敦，对此，他们深感荣幸。考虑到这是一部非同凡响的大型声乐协奏曲，预计会有巨大的收入，故而他们想征询这位以慷慨著称的音乐大师的意见：是否愿意把首演的收入捐献给他们所代表的慈善机构。

亨德尔友善地看着他们。他爱这座城市，是它给予的厚爱，打开了他的心扉。

他笑眯眯地说，他同意，只是他们应该说出来这笔收入将捐献给哪些慈善机构。“救济那些身陷各种困境的人，”第一位先生——一个面容和善、头发苍白的男子说。“还有慈善医院里的患者，”另一位补充道。他们还强调说，当然，这种慷慨的捐献仅仅限于第一场演出的收入，其余几场演出的收入仍归音乐大师所有。

但亨德尔仍然拒绝了，他低声说道：“不，演出这部作品我不要任何钱，我自己永远不收分文，我也从不欠别人的债。这部作品应该永远属于病人和身陷困境的人，因为我自己曾是一个病人，是这部作品治愈了我；我也曾身陷困境，是这部作品解救了我。”

两位男子用迷惑的目光望着亨德尔，似乎不明所以。不过随后他们一边再三表示感谢，一边鞠躬退出房间，去把这喜讯传给都柏林全城的人。

1742年4月7日，最后一次排演的日子终于到了。出于节俭考虑，坐落在菲施安布尔大街上的音乐堂的大厅里，只有微弱的照明。由于只允许两个主教堂的合唱团团员的部分亲属旁听，所以空荡荡的长椅上，只有少数人三三两两地坐在那里，等待聆听那位来自伦敦的音乐大师的新作。宽敞的大厅显得阴暗、寒冷、潮湿。但是，一件出人意料的事发生了：当宛若激流奔涌的多声部合唱刚刚转入低鸣。零零散散地坐在长椅上的人不由自主地聚拢在一起，渐渐地形成黑压压的一片悉心倾听和感慨赞叹的人群。因为他们每个人都从未听到过如此雄浑磅礴的音乐，仿佛若是独自倾听，简直无法承受这千钧之势，将被如此强力的音乐冲走、拽跑。他们愈来愈紧地挤在一起，好像要用一颗心听。恰如一群聚在教堂里的虔诚的教徒，要从这气势雄浑的混声合唱中获取信心，那交织着各种声音的合唱不时变换着形式。在这强悍、猛烈的宏大气势前，每个人都意识到自己的渺小，然而，人们却愿意被这种气势所攫住、带走。一阵阵欢乐的情感浪潮向他们所有的人袭来，好像传遍每一个人的全身似的，当第一次雷鸣般地响起“哈利路亚”的歌声时，有一个人情不自禁地站了起来，所有的听众也都一下子跟着他站了起来，似乎被一股宏大的气势所攫住，而不能再伏贴于地上，他们站起来，以便能随着“哈利路亚"的合唱声更进一步地靠近上帝，并向上帝表达自己仆人般的敬畏。随后，他们走出音乐厅奔走相告：一部规模空前的旷世巨作已经问世，全城的人为此激动不已。

六天之后，4月13日晚上，音乐厅门前聚集着人群。女士们没有穿钟式裙，贵族绅士们没有佩剑，为的是能在大厅里腾出更多的空间给更多的听众，700人——这是破纪录的数字——汇聚一堂。在演出前，听众们交头接耳地谈论着这部作品所获得的赞誉，但当音乐开始时，立时鸦雀无声，甚至连呼吸声都听不见了，而且愈来愈静。接着，多声部合唱迸发出排山倒海之势，令所有人的心都震颤了。亨德尔站在管风琴旁，他要监督并亲自参加自己作品的演出。现在，这部作品已脱离了他，他已完全融入自己的这部作品之中，觉得它是如此陌生，好像他从未听到过、创作过、演奏过似的。他的心在这独特的激流中再次受到震荡。当最后开始唱“阿门”时，他的嘴巴也不知不觉地张开了，和合唱队一起高唱。他唱着，好像他此生从未唱过似的。然而，当听众的赞美欢呼声还像潮水般汹涌、经久不息地在大厅里回荡时，他却悄悄地退到一边，以避免向那些真心向他致谢的人们表示答谢，因为他要向上天答谢，是上天赐予他这部作品的。

闸门已打开了，音乐的激流又年复一年地奔腾不息。从此以后，再也没有什么能使亨德尔屈服，再也没有什么能重新压垮这复活者。尽管他在伦敦创建的歌剧院再次遭遇破产，债主们又四处向他逼债，但他此后已真正地站了起来，经受得起一切狂风恶浪。就这样，这位60岁的老人神态自若地沿着作品的里程碑走着自己的路。面对他人制造的种种障碍和困难，他知道如何光荣地战胜它们。尽管岁月渐渐消减了他的气力，他的双臂不再灵便，他的双腿因痛风病而不时痉挛，但他仍用不知疲倦的心智继续创作着。最后，他的双目失明了，那是在创作《耶弗他》的时候。但他依旧在眼睛看不见的情况下孜孜不倦、毫不气馁地创作，创作，就像贝多芬在耳朵听不见的情况下继续创作一样。而且，他在人世间的成就

愈伟大，他在上帝面前表现得愈谦恭。

像所有那些对自己要求严格、真正的艺术家一样，对自己的作品，亨德尔从不自得自满、沾沾自喜，但他十分喜爱自己的一部作品，那就是《弥塞亚》。对这部作品，他满怀感激之情，因为是它把他从绝境中解脱了出来，还因为他在这部作品中自己拯救了自己。每年，他都要在伦敦演出这部作品，每一次他都把全部收入——500英镑捐赠给医院，用来医治那些残疾病人和救济那些身陷困境的人们。而且，他还要用这部曾使他走出绝地的作品向人间告别。

1759年4月6日，74岁的亨德尔已重病在身，但他仍在科文特花园剧院再次走上指挥台。他——一个身躯巍巍、双目失明者就这样站在他忠实的信徒们中间，站在音乐家和歌唱家中间。虽然他的眼睛看不到任何东西，但是当各种器乐声音如潮汐般向他汹涌而来时。当上千人的赞美歌声如暴风骤雨般向他袭来时，他那疲惫黯淡的面容顿时神采焕发，变得精神振奋，他挥舞双臂，打着节拍，同大家一起放声高歌。他唱得如此认真、如此虔诚，仿佛是站在自己灵柩边的牧师，为拯救自己和所有人的灵魂而祈祷着。只有一次，他的全身颤抖，那是在他喊出“长号吹起”和所有的喇叭吹出嘹亮的乐声时，他昂首向上凝视着，好像他现在已准备好去面临最后的审判。他知道，他已出色地完成了自己的使命，他能昂首阔步地向上帝走去。

朋友们深受感动，当他们把这位盲人送回家时也都感觉到：这是最后的告别。他在床上还微微翕动着嘴唇，喃喃低语道，他希望在耶稣受难日那一天死去。医生们对此极为诧异，不明所以，他们不知道，那一年的耶稣受难日，即4月13日，正是那只沉重的手将他击倒在地的一天，也正是他的作品《弥塞亚》第一次公演于世的一天，他的身心曾在那一天死去，但同样在那一天，他又复活了。现在，他愿意在自己复活的那一天死去，以确信自己将会获得永生。

真的，我们的唯一意志——上帝，既能主宰生，也能驾驭死。4月13日，亨德尔的生命能量终于消耗殆尽了，他再也看不到什么，也听不到什么了。他那庞大的身躯静静地卧在褥垫上，成为一个空洞而沉重的躯壳，但正如一个空贝壳更能回荡大海的涛声一样，那听不见的音乐声仍在他的心中轰鸣。这声音比他以前听到的任何声音更加悦耳、更加奇妙。音乐的滚滚波涛慢慢地从这消失了生命活力的躯体中卷走了灵魂，并把它高高托起，升入浩渺的天空。奔腾不息的音乐永远回荡在永恒的宇宙。第二天，在复活节的钟声还没有敲响时，乔治·腓特烈·亨德尔离开他那在尘世间不能永生的躯壳，终于羽化而去了。

一夜之间的天才

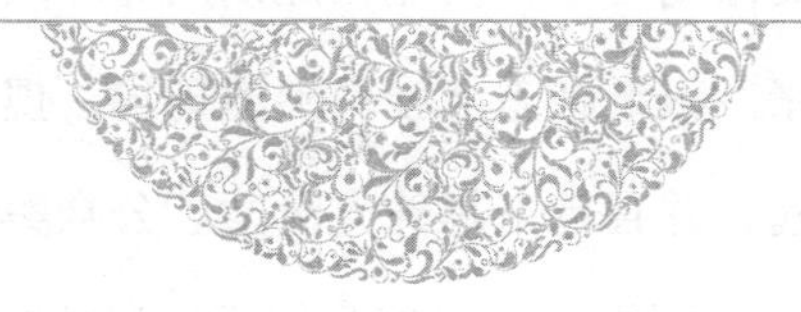

法国大革命胜利了！欧洲其他各国的统治者惶惶不可终日，扬言要派军队来主持公道。一场保卫革命的正义战争打响了。普奥联军很快踏上了法国领土。

与此同时，鲁热越来越快地写下《马赛曲》的歌词和乐谱。好像在为某个陌生人的口述做笔录。一种神奇的魔力将这个可怜的凡人拉到离本我万里之遥的地方，把他像一枚闪烁着稍纵即逝的光焰的火箭射向星空……

1792年，对皇帝和国王们的联合行动是战还是和，法国的立法会议已经犹豫了两三个月。路易十六自己也还在踌躇不定：他既担心革命党人胜利所带来的危险，又担心他们的失败会引发的危机。各党派也各执己见。吉伦特派为了保住自己的权力而力主开战，罗伯斯庇尔和雅各宾派则为了自己能在此期间夺取政权而力主和平。而形势却日趋紧张。报纸杂志上吵得沸沸扬扬，俱乐部里人们在争论不休，谣言四起，并且越来越耸人听闻。公众舆论也变得日渐慷慨激昂。因此，当法国国王于4月20日终于向奥地利皇帝和普鲁士国王宣战时，这项决定就像往常那样成了某种解脱。

在这几个星期内，巴黎上空好像笼罩着电压，让人心烦意乱；而那些边境城市里更是人心浮动。军队已经集结到所有的临时营地。每一座城市、每一处村庄，都有武装志愿人员和国民自卫军在检修要塞。尤其是阿尔萨斯地区的人们，都明白法国和德国之间的最初交锋又会像以往那样降临到他们这个地区了。对他们而言，在莱茵河对岸的所谓敌人，可不像在巴黎人的脑海中的只是一个模糊的、慷慨激昂的修辞概念，而是一个看得见、感觉得到的实体，因为从加固了的桥头堡旁、从主教堂的塔楼上，都能一眼看到正在开过来的普鲁士军队。到了夜间，德国人炮车的隆隆滚动声、兵器的铿锵碰撞声和阵阵军号声，都随风飘过月色下波光粼粼的河流。大家都明白，只要号令一下，普鲁士大炮静默的炮口就会发出闪电般的火光和雷鸣般的巨响。其实，法德之间的千年之争又一次拉开了序幕——但这一次。一方是以争取新自由的名义，另一方是以维护旧秩序的名义。

1792年4月25日，是非同寻常的一天，在这天，驿站的紧急信差们把已经宣战的消息从巴黎传到了斯特拉斯堡。人们顿时从大街小巷、各家各户奔走出来，涌向公共广场，所有的驻军都在为出征做最后的检阅，一个团队接一个团队地在向前行进，迪特里希市长身披三色绶带在中心广场上检阅士兵，他挥舞着缀有国徽的帽子向士兵致意。军号声和战鼓声让所有的人都停止了谈论。迪特里希用法语和德语向广场上和其他空地上的人们大声宣读宣战书。他讲完话之后。军乐队奏起了第一支、临时性的革命战歌《前进吧！》，这本来是一支富有激励性的、纵情的而又诙谐的舞曲，但是即将出征的战士们沉重有力的脚步声却赋予这支曲子以威武的节奏。然后。人群散去，把被激起的热情带到了大街小巷、家家户户。

在咖啡馆和俱乐部里，到处都有人发表富于煽动性的演说或者散发各种号召书。他们都是以这类号召开始：“公民们，拿起武器，举起战旗，警钟敲响了！”所有的演讲、各种报纸、一切布告、每个人的嘴里，都在重复着这种坚定有力、富于节奏的呼声：“公民们，武装起来，让那些戴着王冠的暴君们发抖吧！前进，自由的孩子们！”而每一次，群众都会对这些激烈的言辞报以热情的欢呼。

街道上和空地上，一直有大批的民众在为宣战而欢呼，但是，当满街的人群欢呼的时刻，也总有另外一些人在悄声嘀咕，因为恐惧和忧虑也随宣战而来。不过，他们只是在私下里窃窃私语，或者把话语留在苍白的嘴边，欲言又止。普天下的母亲们总是一样的，她们在心里嘀咕：难道外国兵不会杀害我的孩子吗？普天下的农民也都是一样的，他们关心自己的财产、土地、茅屋、家畜和庄稼，他们也在心里嘀咕着：难道我的庄稼不会遭到践踏吗？难道自己的家不会遭到暴徒的洗劫吗？难道在自己每日耕作的土地上不会血流成河吗？而斯特拉斯堡市长弗里德里希·迪特里希男爵——他本来是个贵族——却像当时法国最进步的贵族那样，决意完全献身于争取自由的新事业，他要用激昂的、铿锵有力的声调来表明他的信念，他刻意要把宣战的那一天变为公众的节日。他胸前斜披着绶带，从一个会场赶往另一个会场，激励人民，并向出征的士兵们犒赏酒食。

到了晚上，他把各级指挥官以及重要的文职官员邀请到布罗格利广场旁的自己那宽敞的邸宅参加欢送会。热烈的气氛使得欢送会从一开始就带有庆功会的色彩。对这场战争充满必胜信念的将军们坐在主宾席上，认为战争会使自己的人生充满新的意义的年轻军官们在自由交谈、互相激励。他们有的拔出军刀在挥舞，有的冲动地互相拥抱着。有的正在为祝愿而干杯，有的捧着一杯美酒在慷慨激昂地演说。而在这些人的所有言辞中，都无一例外地一再重复着报刊和宣言上的那些振奋人心的豪言壮语："公民们，武装起来！前进！拯救我们的祖国！那些戴着王冠的暴君们必定会吓得发抖。胜利的旗帜已经在招展，把三色旗插遍世界的时机已经到来！此时此刻，我们每个人都要为了法国国王，为了这三色旗，为了自由奉献我们的全部力量。"全国上下都因为对胜利充满信心以及对自由事业的热烈向往而达到了空前的团结。

正是在这种宣讲和祝酒的进程中，迪特里希市长突然转向坐在自己身旁的要塞部队的年轻上尉鲁热。他突然想起，就是这位貌不惊人、但气质温雅的军官曾在半年前宪法公布时写过一首相当不错的自由颂歌。军团里那位音乐家普莱叶尔也很快替这首歌谱了曲，这首简朴的颂歌词句朗朗上口，很适于军队演唱。军乐队把它练熟后，曾在公共广场上进行演奏和大合唱。而目前，宣战和出征不正是用音乐来表现庄严场面的契机吗？因此，迪特里希市长很随便地问一下这位鲁热上尉（他自做主张地给自己加了一个贵族姓名的标志"德"，取名为鲁热·德·利勒，其实他无权这样做）——就像请自己的一位朋友帮个忙似的——他是否愿意趁着这种爱国情绪，为即将奔赴战场的部队写些歌词，为明天就出征去讨伐敌人的莱茵将士谱写一首战歌。

鲁热是一个天性谦逊、平和的人，他从未把自己当作一个非凡的作曲家——他的诗歌从未刊印过，他写的歌剧也从未获得演出的机会——但他很清楚自己擅长写那种即兴诗。为了让市长——这位高官和好友高兴，他说他乐于从命。啊，他想试试。“好极了！鲁热。”坐在对面的一位将军一边举起酒杯向他致意，一边对他说，战歌写好后要立即送到战场上交给他。莱茵军正需要一首能鼓舞斗志的爱国主义进行曲。说话间，又有人开始侃侃而谈，接着又是举杯，喧闹，痛饮。于是，他们之间的短暂交谈很快被喧嚣的热情之浪淹没。酒宴变得越来越令人陶醉、越来越喧哗热闹，越来越激动疯狂。当宾客们终于从市长宅邸散去时，已经是下半夜了。

已经是下半夜了。这就意味着，因为宣战而令斯特拉斯堡兴奋不已的一天——4月25日已经结束，4月26日已然来到。虽然夜幕仍然笼罩着千家万户，但这种夜深人静不过是表象，全城的人仍然处于兴奋之中。营地里的兵士们正在为出征做最后的准备，一些小心谨慎的人或许已从关紧门面的店铺后面悄悄溜走。街道上一队接一队的步兵正在开拔，其间，夹杂着通信骑兵急促的马蹄声，然后，又是沉重炮车滚过的隆隆声，单调的口令声从一个哨位传到另一个哨位。敌人离得如此之近，这座城太不安全了，城里的居民全都情绪亢奋，难以在这决定性的时刻入眠。

鲁热也不例外。此刻，他回到中央大道126号那栋房子里，登上螺旋形楼梯，走进自己那间简朴的小房间。他同样感到非常兴奋，而且他并没有忘记自己的诺言，要赶快为莱茵军谱写出一首战歌，一支进行曲。他在自己窄小的房间里踏着沉重的脚步，心神不宁地走来走去。怎么开头呢？怎么开头？各种演说、宣言和祝酒词里那些激动人心的话语仍然纷纭杂乱地在他的脑海里盘旋：“公民们，拿起武器！前进，自由的儿郎！……消灭专制……举起战旗！”不过此时，他还想到了从前听过的一些话，想起了为自己儿子的安全担忧的妇女的声音，想起农民的忧虑——他们是那样担心法国的田野会被外国的士兵践踏得一塌糊涂，血流遍野。他几乎是下意识地写出了头两行歌词，这两行字无非是那些呼喊的回声、反响和记录。

前进，前进，祖国的儿郎，
光荣的时刻已经来临！

然后他停了下来，他顿住了，写得恰到好处，这种开头相当不错。现在，他需要再找到相应的节奏，找到适合这两行歌词的旋律。于是，他从柜橱里拿下自己的那把小提琴，试了试，好极了。开头几拍的节奏很快就与歌词的旋律全部融合在一起。他急忙接着写下去，感到浑身仿佛奔涌出一股力量，催他向前。所有的一切：此时此刻他心中的各种情感；他在马路上、宴会中听到的各种话语；对暴君的仇恨；对国土的担忧；对必胜的信心；对自由的向往——顿时都汇聚在一处。鲁热根本无需构思、无需编撰．他只要把今天——这一天广为传播的话语押上韵，配上旋律和富有魅力的节拍即可，这样就已经把全国人民那种最深切的感受传达出来、说出来和唱出来了。

并且，他也无需作曲，因为街上的节拍，时间的节拍，那种在

军队行军的步伐中、在军号的吹奏中、在炮车的辚辚声中所体现出的振奋人心的节奏已透过紧闭的百叶窗，传入他的耳中——或许他本人并没意识到，他也没有刻意地用聪敏的耳朵去听，但是这一天的夜里，他的另一只耳朵却听到了这节拍，这耳朵潜藏在他那凡俗的躯壳之中，对时间出奇的敏感。于是，旋律越来越趋于那狂热的欢呼的节奏——全体国民的脉搏。

鲁热越来越快地写下那首歌词和乐谱，好像在为某个陌生人的口述做笔录——在他这样一个小市民狭隘的心灵中还从未爆发过这样的灵感。这并非属于他个人的狂热和激情，而是一种神奇的魔力在瞬间聚合而成，迸发而出，将这个可怜的凡人拉到离本我万里之遥的地方，把他像一枚闪烁着稍纵即逝的光焰的火箭般射向星空。仅仅一夜之间，这位平凡的鲁热·德·利勒上尉便得以跻身于不朽者的行列。来自于街头巷尾、报刊上的最初的呼声组合成了他那创造性的歌词，并升华为一段不朽的诗节，与这首歌流芳百世的曲调相映生辉。

我们在神圣的祖国面前，
立誓向敌人复仇！
我们渴望珍贵的自由，
决心要为它而战斗！

接下来，他写下第五诗节，直至最后一节，贯穿始终的是同样的激情。歌词与旋律水乳交融，十分完美。拂晓前，这首不朽的歌曲终于诞生了。熄灯后，鲁热躺到床上，连他自己也搞不清楚，刚才是什么使他如此思维清晰、灵感如泉涌，而现在，又不知是什么使他感到困倦疲惫、沉沉睡去。事实就是这样，那种属于诗人和创造者的天分重新离开他的心灵。但在桌上，却放着那件已经诞生、脱离了这位酣眠者的作品。它像飘然而至的奇迹，降临到他身上。这首歌的词与曲几乎是同时诞生的，创作之迅速，词曲结合之完美，在各族人民的文化史上简直难以找出第二首与之媲美。

像平时那样，大教堂的钟声昭告着新一天凌晨的来临，小范围的战斗交锋已经开始，零星的枪击声随着莱茵河的晨风飘过来。鲁热醒了，但睡意未尽，当他咬着牙坐起来时，恍惚记得好像有什么事发生过，是一件与他有关的事，但只是依稀记得。随后，他忽然看到桌上那张墨迹犹新的纸。诗歌？我何时写过诗歌？歌曲？我亲笔创作的歌曲？我什么时候为这首歌作过曲？哦——想起来了，这不是朋友迪特里希昨天嘱咐我写的那首莱茵军进行曲么！他一边看着自己创作的歌词，一边轻轻地哼唱起来。当然，同大多数作者一样，他对自己刚完成的作品感觉总不是太满意，好在隔壁住着自己团里的一位战友，于是，他将这首歌拿给他的战友看，唱给他的战友听，看来，那位战友对这歌还是满意的，只是提议做一些小小的改动。鲁热从这最初的肯定和嘉许中获得了信心，他怀着那种作者常有的迫切心情和对自己能如此迅速实现承诺的自豪感，立刻赶往迪特里希市长的家中。

市长正在花园里做清晨散步，同时琢磨着他的一篇新演讲稿。你说什么，鲁热？这么快就写成了？好的，那就让我们马上来演唱一遍。

于是，两人走进客厅。市长用钢琴伴奏，鲁热唱着歌词。这早晨倏忽而至的音乐声将市长夫人吸引到房间里来了。她说，可以把这首新歌誊写几份。作为一个受过专门训练的音乐家，她又答应为这首歌曲配上伴奏曲，以便能在今晚家中的集会上，夹在其他的歌曲中演唱给朋友们听。于是，对自己甜美的男高音颇为自负的迪特里希市长，开始更加仔细地琢磨起这首歌来。

4月26日的晚上，在市长家的客厅里，为特地挑选的上流社会人士首次演唱了这首歌——而这首歌刚刚是在这天的凌晨才完成作词谱曲的。

听众们都友好地报以掌声，这是对在座的作者表示礼貌的祝贺而不可缺少的。不过，斯特拉斯堡大广场的德·布洛格利饭店的客人们当然不会有丝毫的预感：一首不朽的歌曲已经展开它无形的翅膀飞临他们生活的世界。

同时代的人往往很难一眼就看出一个人或者一部作品的伟大，甚至连市长夫人也并未意识到这是一个特殊的时刻，这一点可以从她给自己兄弟的一封信中得到印证。她在信里把这一个奇迹的诞生轻描淡写地说成是一件社交界发生的寻常事。信里说：“你知道，我们得在家里招待许多人，总得想点什么主意来换换消遣的花样，所以我丈夫想出了一个主意，请人给一首即兴歌词谱曲，工程部队的鲁热·德·利勒上尉是位和蔼可亲的诗人兼作曲家，他很快就写出了一首军歌的音乐，而我的丈夫又是一位很优秀的男高音，也立刻就演唱了这首歌，这歌很有魅力，也很有特色，他唱得相当好，生动活泼；我呢，也尽了一份力，发挥了我写协奏曲的才能，为钢琴和其他乐器写了总谱，忙得不亦乐乎。这首歌我们已经演奏过了，社交界评价相当不错。”

“社交界评价相当不错。”——这话在我们今天看来是相当平淡的，仅仅是表示一个好的印象和不痛不痒的称赞罢了。不过，这在当时是完全可以理解的，因为《马赛曲》在这第一次演出中，不可能显示出它真正的力量，它不是一支为甜美的男高音创作的歌曲，也不适合在小资产阶级的沙龙里，夹在浪漫曲和意大利咏叹调之间，用特殊的腔调来演唱。

它是一首节奏感强、激昂和富于战斗性的军歌。“公民们，拿起武器！”——这是面向群众，对着成群结队的人唱的。真正能与它协奏的是铿锵作响的武器、嘹亮的军号声、大步前进的军队。

这首歌也不是为那些平静地坐在那里欣赏音乐的听众而写的，它是为那些团结一致、共同战斗的人们创作的。因而这首歌既不适合女高音，也不适合男高音歌唱家们独唱，它适合成千上万的人一起放声高歌，它是一首典型的进行曲、胜利后的凯旋曲、哀悼之歌、祖国的赞歌、全法国人民的国歌。因为这首军歌是从全国人民最初的激情中激发出来的，是这种激情赋予了作者写歌时的精神动力，只不过当时这首歌还没得以广泛流传，它的歌词还没引起伟大的共鸣，它的旋律还没有飞入全国人民的心中。军队还不知道自己有了这首新的进行曲和凯歌，大革命也还不知道自己这首不朽的战歌。

就是一夜之间，被奇迹降临的那个人——鲁热·德·利勒，也与其他人一样，并没想到自己在那天夜里像一个梦游者在偶然降临的神明指引下写出了什么。他——这个胆大的、可爱的平庸作者当然会从心眼里感到高兴，因为邀请来的客人们热烈地鼓着掌，在彬彬有礼地向他祝贺，他怀着一种小人物的小小虚荣心，想在自己的小圈子里，尽量炫耀这项小小的成就。他在咖啡馆里为自己的战友们演唱着，并请人抄写复本，分送给莱茵军团的将军们。在这期间，斯特拉斯堡的乐团根据市长的命令和军事当局的建议，排练出了这首《莱茵军战歌》，四天以后，部队出发时，斯特拉斯堡的国民自卫军军乐团在大广场上演奏了这首新歌。斯特拉斯堡的出版社负责人带着爱国激情宣布，他准备印行这首《莱茵军战歌》，因为这首战歌是吕克内将军的一位部下怀着敬意献给将军的。可是，在莱茵军的将军们中并没有一位将军真正想在进军时演奏或歌唱这首歌，因此，“前进，前进，祖国的儿郎！”——这歌声看来就只像鲁热目前所做的一切努力一样，不过是在沙龙里偶然的成功，不过是地方上的一件小事，而且不久就被人们忘却了。

然而，一件蕴含强大能量的作品是不会被长期封存或埋没的，一件艺术作品纵然会随着时间的流逝被暂时遗忘，或者会遭到禁锢和埋葬，但是，它强大的生命力最终会战胜一切脱颖而出。开始的一两个月的时间里，人们没有听到这首莱茵军战歌，歌曲的印刷本和手抄本也一直在一些无关紧要的人中间流传着。不过，假如一件作品能真正燃起人们的激情，哪怕是燃起一个人的激情，就已足够，因为任何一种真正的激情本身还会激发出更大的创造才能。

6月22日，在法国另一隅的马赛，宪法之友俱乐部在为即将出征的志愿人员举行宴会。500名身穿崭新的国民自卫军制服的朝气蓬勃的年轻人坐在长桌边，此时此刻，在他们中间弥漫着与4月25日的斯特拉斯堡相同的气氛，而且由于马赛人所特有的那种南方气质，使这气氛显得更为热烈、更为亢奋、更为冲动，但他们并不像最初宣战时那样虚夸必胜。因为这些革命的法国军队不同于那些高谈阔论的将军们，他们刚刚从莱茵河对岸撤回来，沿途备受欢迎。目前，敌人已深入法国领土，自由正面临威胁，自由的事业正处于危急时刻。

宴会期间，突然有一个人——他叫米勒，是蒙彼利埃大学医学院的学生——将手中的玻璃杯往桌上重重一放，站起身来，四周的人们静了下来，望着他，以为他要进行演说或致辞。然而，这位年轻人没有讲话，而是挥动右手，高唱起一首新歌。这是一首大家都没有听到过的歌，没有人知道这首歌是怎么到他手中的。“前进，前进，祖国的儿郎！”

此时此刻，这歌声如同电火花遇到了火药桶。情绪与感慨，宛若正负两极蓦然接触，产生了火花。所有这些明天就要出征的年轻人，这些要去为自由而战，要为祖国献身的年轻人，都感觉到这歌

声传达出他们内心最真切的愿望、最深切的感情。伴随着歌声的节奏，一种激情在每个人心中油然而生。每一段歌词都获得喝彩，这首歌不得不唱了一遍又一遍。曲调已变成他们自己的旋律，所有的人都激动不已，他们站起身来，高举玻璃杯，雷鸣般地唱着副歌：“公民们，武装起来！公民们，投入战斗！”

街上的人们被吸引来了，好奇地探听这里如此热烈地唱着些什么歌。最后，他们也加入到这歌唱的队伍中。

第二天，成千上万的人都在哼唱着这首歌。他们散发新印的歌片，而到了当7月2日，随着这500名义勇军的出发，这首歌也不胫而走了。当他们在行军途中感到疲惫时，当他们的脚步变得软弱无力时，只要有一个人带头高唱这首圣歌，它那有力的节奏就会给予他们新的力量。

当行进的军队穿过一座村庄时，他们唱起的这首歌就会引起农民们的惊讶，好奇的村民们聚在一起，随他们一同唱这首歌。

这首歌已成为他们的歌。他们根本不知道，这首歌本来是为莱茵军创作的，他们不知道这首歌的作者是谁和创作于何时，他们把这首圣歌当成他们自己营队的圣歌，当成自己生与死之间的信条。这首歌就如同那面军旗，是属于他们的，他们要在斗志昂扬的进军中让这首歌传遍世界。

马赛曲——因为鲁热的这首圣歌不久便得到这种称谓——的首次获得伟大胜利是在巴黎。7月30日，当来自马赛的营队从郊区进入巴黎时，就是以军旗和这首军歌作为先导的。成千上万的群众早已站在街头等候他们，准备隆重地欢迎他们的到来。现在，马赛人——500名男子一遍又一遍地唱着这首歌，迈着同歌曲节奏相同的步伐越走越近时，所有的人都在用心聆听，马赛人唱的是一首什么歌？竟是如此激动人心？它像一阵号角声，伴随着鼓点，敲响了所有人的心弦："公民们，武装起来！"两三个小时之后，副歌已在每一条大街小巷回响。那首《前进吧》的歌已被人们遗忘；过去的进行曲、那些陈词滥调已被人抛去了爪洼国；革命找到了自己需要的声音，革命找到了属于自己的歌。

于是，这歌声如雪崩般飞散开来，势不可挡。无论是在宴会上，还是在剧院和俱乐部里，人们都在唱这首圣歌，甚至后来在教堂里人们唱完感恩赞美诗后也唱起这首歌来，不久，这首歌竟取代了感恩赞美诗。

一两个月后，马赛曲已成为全民之歌、全国之歌。共和国第一任军事部长赛尔旺慧眼独具，立刻意识到这样一首民族战歌所具有的无与伦比的鼓舞斗志、振奋人心的力量。于是，他下达一道紧急命令：印刷10万份歌片，发往军中所有的小队。就这样，这位在当时还不为人知的作者所创作的歌曲在两三天内发行得比莫里哀、拉辛、伏尔泰的所有作品还要多。没有一个节日不是以马赛曲来作为结尾的，没有一次战斗不是由团队的乐队演奏这首自由战歌来开始的。

当许多团队在热马普和内尔万地方发起决定性的冲锋时，他们就是齐声高唱着这首战歌来进行编队的。而那些只知道用双份犒酒这种老办法来激励自己士兵的敌军将领们则惊讶地发觉，当成千上万的士兵高唱同一首战歌，像海啸一般咆哮着冲击他们的队列时，简直没有任何一种力量可以阻挡这首“可怕”的圣歌所产生的威力。眼下，马赛曲就像长着双翼的胜利女神奈基，在法国的所有战场上空振翅翱翔，给无数的人带来热情或死亡。

而此时，鲁热——一个不为人知、正在修筑工事的上尉却坐在位于许宁根的一个小驻地的营房中，一丝不苟地画着防御工事的图纸。或许他早已忘记了自己在1792年4月26日那个不眠之夜所创作的这首《莱茵军战歌》，而当他在报纸上看到那首圣歌如风暴般征服了巴黎时，他简直不敢去想．这首洋溢着必胜信念的“马赛人的歌”里的每一个词句和每一个节拍．只不过是那天深夜降临在他心里和身上的奇迹而已。

命运居然这样无情地嘲弄人：虽然这首军歌响彻云天，缭绕天宇，但并没有把任何个人——即并没有把写出这首歌曲的人随之捧上天。整个法国没有谁关心这位鲁热·德·利勒上尉；这首战歌也同其他歌曲一样，所赢得的巨大荣誉仍然只属于歌曲本身，一丁点儿荣耀的光环都没有投到它的作者鲁热身上。在印刷歌词的时候，也没有把他的名字同时印上，而他自己也已完全习惯不被别人看重，而且一点儿也不为此感到懊恼。因为这首革命战歌的作者并不是一个革命者——这个奇怪的现象也只有历史本身才会制造出来。虽然他自己的这首不朽战歌推动过革命进程，而现在他自己却要尽全力来阻止这场革命。

当马赛人和巴黎的起义民众高唱着他写的歌，猛烈进攻杜伊勒里宫和推翻国王的时候，鲁热对革命早已十分厌倦了，他拒绝效忠共和国，宁愿辞去自己的职务，也不愿为雅各宾派效力。在那首神圣战歌中，关于“渴望珍贵的自由”那句歌词对他这位耿直的人来讲并非空话，他对法国国民公会中新的暴君和独裁者们的厌恶并不亚于他对边境那一方的国王和皇帝们所怀的愤恨。当他的朋友们——对马赛曲的诞生起过重大作用的迪特里希市长以及吕克内将军——创作马赛曲就是为了呈献给这位将军的——以及所有那天晚上作为马赛曲的头一批听众的军官和贵族们，一个接一个地被送上断头台时，鲁热公开向罗伯斯庇尔的福利委员会表示了自己的不满。

过后不久，又发生了更为荒唐的事：这位革命的诗人，自己也被当作反革命而遭到逮捕，被控犯有叛国罪。直到罗伯斯庇尔被推翻，监狱的沉重大门被打开，才使法国革命免去了一场奇耻大辱：把这次革命的一首不朽战歌的作者送交“国民的剃刀”。

假如当时鲁热真的被处死了，也可谓死得英勇壮烈了，也可免于日后穷困潦倒，糊里糊涂度日。其实，不幸的鲁热在四十多年的生命中，虽然度过了成千上万的日子，却只过了一天真正富有创造性的日子。

后来，他被从军队中赶了出去，并被取消了退休金；他所写的那些诗歌、歌剧和歌词都没获得出版或演出。这个平庸的作者曾擅自闯入不朽者的行列，对此，命运没有宽宥他。这个小人物后来干过各种各样并非十分干净的小营生，穷困潦倒地度过了自己渺小的一生。卡诺和后来的拿破仑曾出于同情想给他一些帮助，但都没有如愿。

那一次偶然的机缘曾使他成为3个小时的天才。然后命运又不屑地将他重新抛回微不足道的渺小位置，这是多么的残酷。这种残酷的命运导致他的性格如同渗进了毒素，变得格外乖戾，他对任何执政者都心怀不满并牢骚满腹。他给想为他提供帮助的拿破仑写了一些言辞激烈、非常无礼的信，公然表示自己因在全民投票时投了反对拿破仑的一票而深为自豪。他所经营的生意将他卷入到一些不光彩的事件之中，甚至由于一张空头支票的缘故而被投入到圣佩拉尔热的债务监狱。他到处不受欢迎，被债主跟踪追迹，不断受到警察的跟踪，最后，他终于躲到省内的某个地方隐居起来。

他离群索居，已被人们遗忘了，他在那里像在一座坟墓中偷听着自己那首不朽之歌的命运。他听说马赛曲随着战无不胜的军队进入到欧洲的所有国家，接着，又听说拿破仑在自己要当上皇帝之前把这首过于革命化的马赛曲从所有的节目单中撤掉，直到他听说波旁王朝的后裔彻底禁止了这首歌。

过了一代人的时光之后，当1830年7月革命爆发时，他所写的词曲又在巴黎的街垒中重获旧日的生机和力量，资产阶级国王路易·菲利浦把它当成一位诗人而送给了他一笔菲薄的养老金。人们还记得他，虽然只是隐约的记忆，但这位被世人遗忘的、下落不明的老人却觉得这一切恍然如梦。1836年，当76岁高龄的他在舒瓦齐勒罗瓦去世时，已经没有谁能叫得出和知道他的名字了。

然而，又过了几代人的时光，第一次世界大战期间，马赛曲早已成为法国国歌，在法国的每一个战场上空重又响起，这位小小上尉的遗体也被安葬在荣誉军人的教堂里，与另一位也曾是小小少尉的拿破仑的遗体放在同一处。就这样，这个创作了一首不朽战歌的平庸作者，终于在他备感失望的祖国得到了一块荣誉的长眠墓地，虽然，他只不过是充当了短短一个夜晚的诗人罢了。

滑铁卢的一分钟

1799年11月9日，30岁的拿破仑发动政变，自任法国第一执政官。1804年法国元老院授予拿破仑皇帝称号，拿破仑权势极一时之盛。1814年3月31日其为反法联军击败，被迫退位，被囚在地中海的厄尔巴岛。1815年3月他潜回法国，3月20日重登皇位。正在维也纳开分赃会议的欧洲各国君主拼凑了第七次反法同盟，6月18日在比利时的滑铁卢再败法军，拿破仑第二次退位，被流放在大西洋的圣赫勒拿岛。

命运总是青睐强权者与勇敢者，一直以来，命运总是屈从于这样的人物：恺撒、亚历山大、拿破仑，因为命运喜欢这些与自己一样不可捉摸的强悍人物。

然而，在任何年代都极为罕见的是，有时不知出于一种怎样的奇怪心态，命运把自己抛到一个平庸者的手里。有时候——这是世界历史上最令人惊诧的瞬间——命运之线在刹那间竟掌握在一个无能者的手中，如同一阵风暴似的，英雄们的世界游戏也把那些平庸之辈卷了进来，但是当天降大任于斯人时，与其说他们感到荣幸，不如说他们更感到恐慌。他们几乎都是把抛过来的机缘又慌里慌张地从手里失掉，诚然，一个平庸者若能抓住机缘从此平步青云，是极为罕见的。因为天降大任于渺小的人物身上，仅仅是短暂的一刹那。谁若错过了这一刹那，他决不会再赐予第二次。

格鲁希

维也纳会议正在进行中。在交际舞会、调情嬉闹、尔虞我诈和吵嚷不休之中，一则消息像一枚破空飞来的炮弹令人震惊：拿破仑，这头被困的雄狮已经冲破厄尔巴岛的牢笼，闯出来了。紧接着，其他的信使也接踵而来：拿破仑占领了里昂；他赶走了国王；军队又都狂热地挥舞着旗帜倾倒向他那边；他回到巴黎了；他住进杜伊勒里王宫了——莱比锡大会战和20年生灵涂炭的战争全都付之东流。似乎被一只利爪攫住，那些刚刚还在喋喋不休地互相指责和争吵抱怨的大臣们又都聚集在一起，匆忙抽调出一支英国军队、一支普鲁士军队、一支奥地利军队、一支俄国军队。他们现在要再次联合起来，彻底击败这个篡权者。那些欧洲合法的皇帝和国王们从未这样惊恐不安过。威灵顿开始从北边向法国进军，布吕歇尔统率的一支普鲁士军，作为他的增援部队则从另一个方向前进。施瓦尔岑贝格在莱茵河畔蓄势待发；而俄国军团作为后备军，正缓缓地拖

着全部辎重穿越普鲁士。

拿破仑马上就意识到了自己所面临的千钧一发的形势。他清楚，在这些猎犬集结成群之前绝不能袖手观望。他必须在普鲁士人、英国人、奥地利人结成一支欧洲盟军以及自己的帝国没落之前，就将他们分而攻之，各个击破；他必须迅速行动，否则，国内就会怨声载道；他必须在共和分子重整旗鼓并同王党分子联合起来之前就得胜；他必须在富歇——这个诡计多端的两面派以及与他同样龌龊的塔列兰结成同盟并从背后捅他一刀之前就凯旋；他必须在自己的军队热情高涨之际，一鼓作气把自己的敌人全部了结。每一天都是损失，每一小时都是危险。于是，他匆忙把赌注压在欧洲流血最多的战场——比利时上面。6月15日深夜3时，拿破仑大军（现在也是仅有的一支军队）的先头部队越过边界，进入比利时。16日，在林尼他们与普鲁士军遭遇，击败了普军。这是这头雄狮冲出牢笼后的第一次猛击，这一击非常凶狠，然而却不致命。虽然被击败但并未被消灭的普军向布鲁塞尔撤退。

现在，拿破仑准备第二次猛击，即攻击威灵顿的部队。他不允许自己稍微喘息，也不允许对方稍微喘息，因为每耽搁一天，就意味着给对方增添力量。他知道，胜利的捷报将如同烈性烧酒一般，使自己身后的祖国和流尽了鲜血、不安的法国人民如醉若狂。17日，拿破仑率军抵达四臂村高地前。威灵顿，这个处事冷静、意志顽强的对手已在高地上筑好工事，严阵以待。而拿破仑的所有部署也从未像这一天那样细致周详，他的军令也从未像这一天那样清晰明确。他不仅反复斟酌了进攻方案，而且也充分估计到自己面临的各种危险，即布吕歇尔的军队只是被击败了，而并未被彻底消灭。它随时可能与威灵顿的军队会合。为防止这种可能，他抽调一部分兵力去追击普鲁士军，以阻止普军与英军会合。

拿破仑将这支追击部队交由格鲁希元帅指挥。格鲁希，一个气质平庸的男人，踏实可靠，兢兢业业，在他担任骑兵队长期间，他的评价是很称职，但他也仅仅是位称职的骑兵队长而已，他既没有缪拉那样的雄才大略，也没有圣西尔和贝尔蒂埃那样的深谋远虑，更别提内伊那样的英雄气概。关于他，既没有神奇的传奇故事。也没有威风八面的英雄事迹。在拿破仑的英雄传奇中，他并未借特殊的功勋而获得荣耀和地位，只是由于他的不幸和厄运才闻名于世。他从军二十年，参加过从西班牙到俄国、从尼德兰到意大利的诸多战役。他是缓慢地、一级一级地升到元帅的位置。不能说他没有功绩，但并无特殊成就。由于奥地利人的子弹、埃及的烈日、阿拉伯人的匕首、俄国的苦寒使得他的前任相继毙命（德塞在马伦哥，克莱贝尔在开罗，拉纳在瓦格拉姆）从而为他腾出了位置。他登上最高军衔的职位，并非一鸣惊人，而是在经受二十年战争的煎熬后，水到渠成。

其实，拿破仑大概也明白，格鲁希既不是纵横沙场的勇士，也不是运筹帷幄的谋士，他只不过是一位踏实可靠、从不逾矩的人，但是他手下的元帅，一半已赴黄泉，剩下的几位早已厌倦了这种风餐露宿的戎马生涯，正郁郁不乐地待在自己的庄园里养老呢。所

以，拿破仑实在是出于不得已才对这个平庸的男人委以重任的。

6月17日，林尼战役取胜后的第一天，也是滑铁卢战役的前一天，上午11时，拿破仑首次将独立指挥权交给格鲁希元帅。就在这一天，在这短暂的一刹那，只知唯命是从的格鲁希跳出以服从为天职的军人规范，自己走进了世界历史的行列。虽然这只是短短的一刹那，但又是怎样的一刹那啊！

拿破仑的命令再清楚不过：当他自己向英军发起进攻时，格鲁希务必率领交给他的三分之一的兵力去追击普鲁士军队。看起来这是一项简单的任务，既不含糊也不复杂，但正如一柄剑，它同时也具有柔韧性、是把双刃剑。因为在向格鲁希交代追击任务的同时，还必须清楚的一件事是：他必须始终与主力部队保持联系。

格鲁希元帅犹豫着接受了这项命令。他有些不太习惯独立行动，只是由于他看到皇帝那天才的目光，心里才踏实，不假思索地应承下来，但他似乎感觉到手下的将军们在背后对他有些不满。当然，或许还有命运之神的翅膀在暗中拨弄他呢。总之，令他感到放心的是，大本营就在附近，只需急行军3个小时，他的部队就能与皇帝的部队会合。

在瓢泼大雨中，格鲁希率队出发了。士兵们行走在湿滑泥泞的地上，缓慢地向普军方向移动。或者至少可以这么说，他们在朝着布吕歇尔部队所在方向前进。

卡右的夜里

北方的暴雨不停地下着。黑暗中，拿破仑的部队步履艰难地前进着，他们被浇得浑身湿透，每个人靴底上都至少带着两磅重的黏泥。没有人家，没有房屋，无处避雨。甚至连麦秆稻草都是湿淋淋的，在上面躺一下都是不可能的。于是，只好让10个或12个士兵互相背靠背地直着身子坐在地上，在瓢泼大雨中睡觉。皇帝自己也没有休息，他忧心如焚，坐立不安，因为在如此糟糕的天气中，无法进行侦察。侦察兵的报告也是含含糊糊；格鲁希那边也没有传来任何有关普军的信息。

子夜一点，拿破仑冒着淅沥的冷雨，一直走到英军炮火射程之内的前沿阵地。在茫茫雨雾中，英军阵地上模糊的灯光隐隐闪现。拿破仑边走边思索着进攻的方案。拂晓，他才回到卡右的小房子里，这里是他极其简陋的统帅部。在这里，他看到了格鲁希送达的第一批报告。报告中有关普军撤退去向的消息极其含糊，全是些宽

慰人的承诺：正在继续追击普军。

雨渐渐地停了，皇帝焦灼地在屋内来回踱步，不时眺望黄色的地平线，看看远处的一切能否最终清晰地显现出来，从而使自己果断地下决心。

清晨5点，雨彻底停了，笼罩心中的层层犹疑之雾似乎也消散了。皇帝终于下达了命令：全军将士必须在9点钟做好总攻准备。传令兵立即向各处出发。不久，集合的鼓声敲响了。皇帝这时才在行军床上躺下，睡了2个小时。

滑铁卢的上午

上午9点钟到了，但部队尚未全部到齐。由于下了三天的雨，地面又湿又软、泥泞不堪，行路艰难。影响了炮兵的转移。这时，太阳渐渐地冲破阴云，普照大地。大风呼啸而过。今天的阳光不像当年奥斯特里茨的阳光那么灿烂，预示着吉利；今天的太阳只是散射着淡黄色的微光。显得阴郁乏力，这是北方的阳光。部队终于一切准备就绪，处于待命状态。

战役打响之前，拿破仑再次骑着自己的那匹白色牝马，沿着前线进行了一番检阅。在呼啸的冷风中，旗手们高举着战旗，骑兵们威风地挥舞着战刀，步兵们用刺刀挑起自己的熊皮军帽，向皇帝致意。所有的战鼓都热烈地擂响了，所有的军号都朝着自己的统帅激奋地吹出嘹亮的号音。但盖过这响彻旷野的声音的，却是雷鸣般的欢呼声，它从各处滚滚卷来。这是从七万士兵的喉咙中迸发出的、低沉又洪亮的欢呼声：“皇帝万岁！”

二十年来，拿破仑进行过无数次的检阅，从没有像今天这最后一次检阅那么壮观、热烈。欢呼声刚一消失，11点钟——比预定时间迟了两个小时，而这恰恰是致命的两小时！——炮兵接到命令，用榴弹炮向山顶上身着红衣的英军轰击。接着，内伊——这位“人中俊杰”，率步兵发起冲锋。

决定拿破仑命运的时刻到来了。

对于这场战役，曾有过数不胜数的各类描述，但人们似乎对一遍遍阅读各种激动人心的记载从不厌倦，时而去阅读司各特写的鸿篇巨制，时而去读司汤达写的片断描述。这次战役，不论是从远看。还是从近看，不论从统帅所站立的山头看去，还是从铁甲骑兵的马鞍上看去，都堪称伟大，具有多重历史意义。它是一部扣人心弦的富于戏剧性的艺术杰作：忽而陷于畏缩，忽而又充满希望。两种状态不停地变幻着，最后，成了一场灭顶之灾。这是一场典型的悲剧性战役，因为欧洲的命运全系于拿破仑个人的命运之上，拿破仑的存在，就好像是节日炫目的焰火、在倏然落地、永远熄灭之前，又再一次冲上云霄。

从上午11点至下午1点，法军向高地猛冲，一度占领了村庄和阵地，但又被击退下来，随即又再次发起进攻。一万具尸体覆盖着空旷、泥泞的山坡。除了消耗掉大量兵力之外，没有任何进展。双方的军队都疲惫至极，双方的统帅都焦灼不安。双方都清楚，谁先得到增援，谁就会是胜利者。威灵顿等着布吕歇尔，拿破仑盼着格鲁希。拿破仑焦虑不安，不时举起望远镜，并接二连三地派传令兵去格鲁希那里；一旦他的这位元帅及时赶来，那么，奥斯特里茨上空的太阳必将重新照耀在法兰西上空。

格鲁希的错误

然而，格鲁希此刻并未意识到拿破仑的命运掌握在他的手中。他只是遵循指令在6月17日夜间出发，按预定方向去追击普军。雨已经停了。那些昨天才初次闻到火药味的年轻士兵们，在无忧无虑地、慢腾腾地走着，仿佛走在一个和平的国度里，因为敌人始终没有出现，而被击溃的普军撤退的行踪也始终没有找到。

正当格鲁希元帅在一户农家屋里匆忙进早餐时，他脚下的大地忽然微微震动起来。所有的人都屏息谛听。从远方不断传来沉闷的、逐渐消失的声音，是大炮发出的轰鸣，是远处炮兵正在开炮的声音，不过并不很远，至多只有3个小时的路程。几名军官学着印第安人的姿态伏到地上，试图进一步听清楚炮声的方向。从远处传来的沉闷回声仍然隆隆作响。这是圣让山上的炮火声，是滑铁卢战役打响的声音。

格鲁希征求大家的意见。副司令热拉尔急切地说：“立即向开炮的方向前进！”第二个发言的军官也赞同说，赶紧向开炮的方向移动，一定要快！所有的人都不再怀疑，皇帝已经向英军发起进攻了，一次重大战役已经开始。可是格鲁希却举棋不定。他平时总是习惯于服从命令，他谨小慎微地死抱着写在纸上的条文——皇帝的命令：追击撤退的普军。热拉尔看到他如此犹豫不决，便冲动地急忙说：“赶快向开炮的方向前进！”这位副司令是当着20名军官和平民的面说出这番话的，语气简直像是在下达命令，而不是请求。这让格鲁希颇感不快。他用更加严厉而生硬的语气说，在皇帝撤回命令之前，他绝不偏离自己的职责。军官们绝望了，而隆隆作响的炮火声却在此时不祥地沉默下来。

热拉尔只好尽最后的努力，他恳求，至少能允许他率领自己的部队和部分骑兵赶到那边的战场上去，他说他能保证及时赶到。格鲁希考虑了一下，他只考虑了一秒钟。

决定历史的一瞬间

然而格鲁希考虑的这一秒钟，却就此决定了他自己的命运、拿破仑的命运以及世界的命运。在瓦尔海姆的一家农舍里流逝的这一秒钟决定了整个19世纪的格局。而这一秒钟完全取决于这个迂腐刻板的平庸者的一张嘴巴。这一秒钟完全掌握在这双神经质地揉皱了皇帝命令的手中——这是多么大的不幸！假如格鲁希在这短暂的瞬间显出勇气和魄力，不拘泥于皇帝的命令，而是相信自己，相信明白无疑的信号，那么，法国也就得救了。可惜的是。这个没有主见的家伙只会始终如一地听从写在纸上的条文，而不会听从命运的呼唤。

格鲁希使劲儿地摆了摆手。他说，把本来就较少的兵力再分散开是不负责任的，他得到的命令是追击普军，而不是别的。就这样，他拒绝了这一违背皇帝命令的建议。

军官们都闷闷不乐地静默了，周围一片沉寂。而决定世界历史的一秒钟就在这静默之中消逝了，一去不复返，这以后，无论用怎

样的言辞和行动都无法弥补这一秒钟——威灵顿胜利了。

格鲁希的部队继续向前走着，热拉尔和旺达姆激愤地握紧了拳头。不久，格鲁希自己也不安起来，随着时间一小时一小时地过去，他越来越没有把握。因为令人搞不透的是，普军始终未出现，显然，他们没有向布鲁塞尔的方向撤退。接着，情报人员向他报告了种种可疑的迹象，表明普军在撤退过程中已兵分几路转往激战正酣的主战场。如果此时格鲁希立刻率领军队去增援皇帝，仍然来得及。但是，他只是仍然怀着愈加忐忑不安的心情，等待着消息，等待皇帝让他返回的命令。

可是，没有命令传来，只有沉闷的隆隆炮声震颤着大地，而这炮声却渐行渐远。孤注一掷的滑铁卢战役正在进行着最后一搏，炮弹便是掷下的铁骰子。

滑铁卢的下午

已经到了下午1点钟，拿破仑的四次进攻虽然都被击退，但威灵顿主阵地的防线显然已被撕开了裂缝。拿破仑眼下正准备发起一次决定性的进攻。他增强了对英军阵地的炮火轰击。在炮弹的硝烟帷幕似的遮住山头之前，拿破仑向战场最后扫视一遍。

这时，他忽然发现东北方向有一股黑黢黢的人群迎面奔来，像是从树林中窜出来的。一支新的部队！所有的望远镜都立刻向这个方向聚焦。难道是格鲁希勇敢地违背命令，奇迹般地及时赶来了？然而不是。一个带上来的俘虏说，这是布吕歇尔将军的前卫部队，是普鲁士军队。

此刻，皇帝第一次预感到，那支被击溃的普军为了抢先与英军会合，已摆脱了后面的追兵；而他——拿破仑却让自己三分之一的兵力，在辽阔的空地上作毫无用处、漫无目标地追逐。他立刻给格鲁希写了一封信，命令他不惜一切代价立即向自己靠拢，并阻止普军向威灵顿的军队集结。此刻，内伊元帅又接到进攻的命令。要求他必须在普军到达之前歼灭威灵顿的部队。获胜的概率突然之间大大减少了。这种时刻，无论下多大的赌注都不能算是冒险。整整一下午，法军向威灵顿的高地发起了数次进攻。战斗一次比一次残酷，投入的步兵一次比一次多。

他们几番冲进被炮弹炸毁的村庄，又几番被击退回来，随后又高举飘扬的旗帜向已被击散的方阵蜂拥而上。但威灵顿依旧岿然不动。而格鲁希那边却杳无音信。眼看着普军的前卫部队正步步逼近，拿破仑心神不定地喃喃低语：“格鲁希在哪里？他到底待在什么地方？"他手下的指挥官们也都变得急不可耐。内伊元帅已经决定把全部队伍都拉上去决一死战（他的坐骑已有三匹被击毙）——他是那么的勇猛果敢，而格鲁希又是那么的优柔寡断。

内伊投入全部的骑兵来进行战斗。于是一万名拼死一战的铁甲骑兵和步骑兵踩烂了英军的方阵，砍死了英军的炮手，冲破了英军最前面的几道防线。虽然他们再一次被迫撤下来，但英军的战斗力已消耗殆尽。山头上像箍桶似的严密防线已然松散开来。当伤亡惨重的法军骑兵被炮火击退下来时，拿破仑的最后预备队——老近卫军正步履艰难地向山头进攻。现在，欧洲的命运全部系于能否攻占这个山头上了。

决 战

从上午开始，双方阵地上的400门大炮就不间断地轰击着。骑兵队向开火的方阵冲杀的铁蹄声响彻前沿阵地。咚咚作响的战鼓声从四面传来，震耳欲聋，整个平原都为之震颇！可在双方的山顶上，双方的统帅都对这嘈杂的声响充耳不闻，他们只是在细心凝听着一种更为微弱的声音。

两只表在双方统帅的手里，像小鸟的心脏似的“滴答滴答”地响着。

这轻轻的钟表声盖过了所有雷鸣般的吼叫声。拿破仑和威灵顿各自捏着自己的计时器，数着每一小时、每一分钟，算计着还有多少时间，最后具有决定性意义的增援部队就该到了。

威灵顿知道布吕歇尔应在附近不远处，而拿破仑也希望格鲁希在附近。眼下双方都没有后备部队了，谁的援兵先到，谁就会赢得这场战役的胜利。两位统帅都在用望远镜扫视着树林边缘。现在，

普军的先头部队像一阵烟雾似地开始出现在那里。莫非这仅仅是一些被格鲁希追击的散兵？还是被追击的普军主力？

此刻，英军只能做最后的抵抗了，而法军也已到了强弩之末。就好像两个气喘吁吁的摔跤手，双臂都已酸软，在进行最后一个回合较量之前，喘着一口气，决定性的最后较量已经到来。

终于，在普军的侧翼响起了枪击声。难道出现了遭遇战？只能听到轻火器声传来！拿破仑深深地吸了一口气："格鲁希终于来了！"他以为现在自己的侧翼已经安全了，于是便集中最后剩下的全部兵力，向威灵顿的主阵地再次发起冲击。这主阵地就是布鲁塞尔的门闸。必须冲破，这主阵地就是欧洲的大门，必须摧毁它。

然而，刚才听到的那一阵枪声完全是一场误会。由于汉诺威兵团穿着别样的军装，赶来的普军便向他们开了枪。但这场缘于误会的遭遇战很快就停下来。普军的大批人马毫无阻碍、浩浩荡荡地从树林里冲了出来——迎面扑来的根本不是格鲁希的法军，而是布吕歇尔的普军！厄运降临了，这一消息迅速在拿破仑的军队中传开。法军开始退却，但仍然还有一些秩序，但此时，威灵顿却抓住这一关键时机，催马奔到坚守住的山头前沿，摘下帽子，举起来向退却的敌人挥动。他的士兵们马上领会了这一预示着胜利的手势。所有幸存的英军都一跃而起，冲向溃退的敌军。与此同时，普鲁士骑兵也从侧翼向仓皇逃窜、但求保命的法军掩杀过去，只听得一片惊恐的尖叫声："各自逃命吧！"仅仅几分钟的时间，这支军威赫赫的部队就变成了一股被驱赶的、抱头鼠窜、惊惶失措的人流。这人流卷走了一切，也卷走了拿破仑本人。

策马狂追的骑兵对慌乱奔跑的法军，就像对待没有抵抗意识、毫无感觉的流水，猛烈击打，在一片惊恐而混乱的叫喊声中，他们不费吹灰之力便俘获了拿破仑的御用马车和法军的贵重财物，并俘虏了所有的炮兵。只是由于黑夜的降临，拿破仑才保全了的性命和自由。直到半夜，满身泥水、头晕眼花的拿破仑才来到一家简陋低矮的乡村客店中，疲惫不堪地瘫坐在扶手软椅里。此时，他已不再是个皇帝了。他的帝国、他的皇朝、他的命运全完了。一个微不足道的小人物的怯懦犹疑摧毁了他这个最有胆略、最有远见的天才人物二十年来所建立的全部功勋。

回到平凡之中

当英军发起攻势刚刚击溃拿破仑军队之际，就有一个当时还名不见经传的人物，乘一辆特快的四轮马车向布鲁塞尔急驶而去，然后又从布鲁塞尔到海边。一艘船正等在那里。他急匆匆地扬帆渡海，以便赶在政府信使之前抵达伦敦。由于众人此时尚未获悉拿破仑已经战败的消息，他立刻进行了大笔的证券投机买卖。此人便是罗茨舍尔德。他以迅雷不及掩耳之势建立了另一个帝国，另一个王朝。第二天，自己一方获胜的消息传到英国；同时，巴黎的富歇——这个惯于使用出卖的伎俩而发迹的家伙也知悉了拿破仑的失败。这时，布鲁塞尔和普鲁士都已敲响了胜利的钟声。

到了第二天，只有一个人还丝毫不知滑铁卢发生的一切，尽管他离这个决定世界命运的地点不过4个小时的路程。他就是那个酿成全部不幸的格鲁希。他仍然死攥着那道追击普军的命令。奇怪的是，普军始终没有出现，这让他心神不宁。不远处传来的炮声越来越响，好像它们在大声向他呼救似的。大地在震颤，每一炮都像是打进自己的心里，现在每个人都已明白这绝非小小的遭遇战，而是一场巨大战役，一场具有决定性意义的战役已经打响。

格鲁希骑着马，在自己的军官中间惶惑不安地走着，军官们都不再与他商谈，因为他们先前的建议都被他一一否决。

当他们终于在瓦弗附近碰到一支孤单的普军——布吕歇尔的后卫部队时，全都以为挽救的时机到了，于是他们发狂似的冲向普军的防御工事。一马当先的热拉尔，好像被一种不祥的兆头所驱赶，像是去找死，随即被一颗子弹撂倒在地。这个最爱提意见的人此时一声不吭了。

随着夜幕的降临，格鲁希率队攻下了村庄，但他们似乎已感觉到，打败这支小小的后卫部队已不再有什么意义。因为那边的战场上突然变得一片死寂。这是一种令人不安的沉寂，可怕的平静，一种阴森森、死一般的沉默。所有的人都感到，与其让这种令人惘然的沉默咬啮着神经，还不如让隆隆的大炮声震动着心脏。

格鲁希此时才收到了拿破仑写来的要他到滑铁卢紧急增援的便条（可惜一切都太晚了！）。滑铁卢一役一定是一场具有决定性意义的战役，可是，到底是谁赢得了这场大战役的胜利呢？格鲁希的部队又等了整整一夜，可完全是白等！滑铁卢那边再没有任何消息传来，好像那支伟大的军队已将他们遗忘。他们毫无意义地站立在漆黑的暗夜里，四围一片空旷。

清晨，他们拆除营地，继续行军。人人都已疲惫不堪，并且早

已意识到，他们的一切行动完全是漫无目的的。

上午10点，总参谋部的一个军官终于纵马奔来。他们急忙扶他下马，连珠炮似的向他提出一大堆问题。可是他却满脸都是惊恐的神色，鬓发湿透，并且由于紧张过度，全身都在颤抖着。至于他断断续续结结巴巴说出来的话，都是些他们听不懂的，或者说，是他们无法弄懂和不想弄懂的。他说，再也没有皇帝了！再也没有皇帝的军队了！法兰西失败了……

这时，所有的人都把他当成一个疯子，或是一个醉汉。不过最后他们还是慢慢从他嘴里得到了事情的全部经过。听完了他令人沮丧、甚至使人瘫软的报告，格鲁希脸色苍白，浑身发抖，竭力用军刀支撑着自己的身体。他明白自己慷慨就义的时刻来临了。他决心担负起自己力不从心的任务，来弥补自己的所有过错。这个唯唯诺诺、瞻前顾后的拿破仑部下，在那决定性的一秒钟没有看到决定胜负的战机。而此刻，眼看危险临近，却又变成了一个男子汉，一个英雄人物。

他立刻召集起全体军官，发表了一通简短的讲话——他眼里噙着愤怒而悲痛的泪水。既为自己的优柔寡断辩解，同时又自怨自责。那些在昨天还怨恨他的军官们，此时都沉默不语。本来，现在任何人都可以责难他，都可以为自己当时意见正确而夸耀。但没有一个人敢这样做，也不愿这样做。他们只是沉默着，沉默着，突如其来的悲痛使他们哑口无言。

错过了那一秒钟的格鲁希，在眼下这一小时内重又恢复了一个军人的全部威力——可惜太晚了！当他恢复了特立独行的能力，不再拘泥于条文命令之后，他的所有崇高品质——审慎、干练、周密、责任感，都表现得淋漓尽致。虽然被五倍于自己的敌军所包围，他却能够不损失一兵一卒，不丢失一门大炮，率队突围，安然归来——堪称卓越的指挥。他要去拯救法兰西。去解救拿破仑帝国最后一支军队。但是，当他回到那里时，皇帝已经不在那里了。没有谁向他表示感激，他的面前也不再有任何敌人。他来得太迟了。永远是太迟了！

尽管从表面上看，后来的格鲁希又一路升迁，被任命为总司令、法国贵族院议员，并且在每一个职位上都表现出其具有的魄力和才干。可是。所有这些都无法替他赎回被他贻误的那一刹那。那一刹那本来可以使他成为命运的主人，但他终究错过了那个机缘。

那紧要关头的一秒钟就这样进行了可怕的报复。在尘世的生活里，这样无可替代的一刹那是很少降临的。当它随意降临到一个凡人身上时，他往往不知该如何利用它。在命运降临的伟大瞬间，普通市民的一切美德——小心、顺从、勤勉、谨慎，都于事无补。它始终只垂青于天才人物，并将他塑造成不朽的形象。命运对那些瞻前顾后、畏首畏尾之辈充满鄙夷并拒之于门外。命运——这世间的另一位神，只愿用热烈有力的双臂把那些勇敢者高高举起，送上英雄的殿堂。

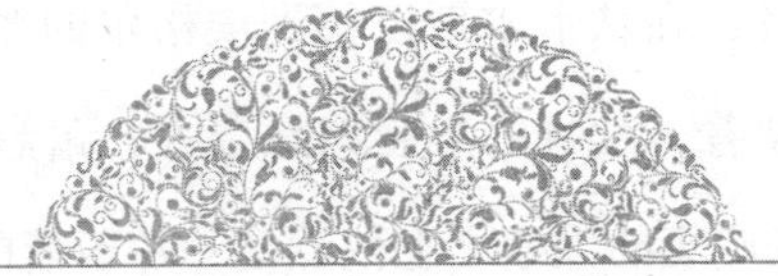

玛丽恩巴德悲歌

“当一个人痛苦得难以言语时，上帝让我倾诉我的烦恼。”

74岁的歌德以全部的激情热恋上19岁的青春少女乌尔丽克，情欲使他在火山般的感情世界中震颤。最终，悲痛的老人乘着马车离开。在车厢里，诞生了这首《悲歌》，这《悲歌》是他的“圣物”，是他一生值得纪念的转折点。

1823年9月5日，在从卡尔斯巴德到埃格尔的乡村路上，一辆旅行马车缓缓地行驶着，秋日的早晨凉意袭人，萧瑟的寒风掠过收割后的田野，而苍茫广袤的大地之上依然是一片蔚蓝的天空。

这辆四轮单驾轻便马车里坐着三个男人——魏玛公国的枢密顾问冯·歌德（在卡斯巴德的疗养表格上是这样尊称的）和他的两名随从：老仆人施塔德尔曼和秘书约翰——歌德在这新世纪里所写的全部著作几乎都是由这位秘书首次抄写下来的。他们两人此刻都是一言不发，因为这位年迈的老人自从在少妇和姑娘们的簇拥下、在她们的祝愿和吻别中离开卡尔斯巴德以来，就一直没有开口说过话。他默默地端坐在车厢里，只有那凝神思索的目光才能显露出他内心的活动。

当到达第一个驿站休息时，他下了车。两位同伴看到他在顺手拿到的一张纸上用铅笔匆匆地写下字句。之后，在前往魏玛的整个旅程中，无论是在马车上还是在住宿地。他都一直在不停地写。

次日，刚刚抵达茨沃滔，他便在哈尔腾城堡里奋笔疾书，接下来，在埃格尔、珀斯内克也是如此。每到一个地方，他要做的第一件事，便是把在途中马车里构思好的词句立刻记下来。在日记里他只是简单地提起这事：（9月6日）“推敲诗句”，（9月7日）“星期日，继续写诗”，（9月12日）“途中又把诗作修改润色了一遍。”当到达目的地魏玛时，这篇诗作也完成了。这首《玛丽恩巴德悲歌》，并非一首普通的、无足轻重的诗，它是歌德晚年最重要、最发自心灵深处的诗，因而也是他自己最喜爱的诗。此诗是歌德果断地告别往昔，毅然开始新生活的起点。

歌德后来在一次谈话中把这悲歌的诗句称为“内心状态的日记”，也许他的生活日记中没有一页会像这些诗句那样，把自我情感的迸发和形成如此清晰率真地展现在我们面前。这是一份由悲怆的设问和哀怨的倾诉来阐释他最隐秘情感的文献。即使他少年时期那些宣泄自己情感的抒情篇章都没有这样直接地缘起于某种具体事件。

这是一首“奉献给人们的最奇妙的歌”，它是这位74岁的老人暮年最深沉、最成熟的创作，恰似夕阳西下时漫射出绚烂的光辉。我们并未见过他的其他作品像这首诗那样一气呵成，每一节之间都环环相扣。正像他对爱克曼说的那样，这是“激情到达巅峰的产物”，同时在形式上又和高尚的自我节制相融合，因而把他一生中这一最富激情的时刻描写得既坦率又神秘。

这是他枝繁叶茂、浓荫匝地的生命之树上最亮丽的一片叶子，而且直到一百多年后的今天，它依然未曾凋零、褪色。9月5日，这值得人们纪念的一天，将会世世代代保留在未来德国人民的记忆中。

是那颗让他重获新生的奇妙的熠熠明星，照亮了这片叶子，照亮了这首诗，照亮了这个人和这一时刻。1822年2月，歌德患了一场大病。连日的高烧令他体力难支，有时甚至陷入昏迷。就连他自己也意识到这次病得不轻。医生们看不出什么明显症状，只感到情况危急，却又无计可施。不过，正如病来得很突然那样，好得也很快。

这年6月间，歌德去玛丽恩巴德疗养，那时他仿佛完全变成了另外一个人，似乎那场重病不过是一种身心上的返老还童——“新青春期"的征兆。这个寡言少语、面容冷峻、咬文嚼字、满脑子几乎只有诗句的人，几十年后又一次如同孩童般完全听任自己情感的摆布了。正像他自己所说的，音乐“使他心绪不宁”，每当他听到钢琴响起，尤其是听到像玛诺芙斯卡这样美丽的女人弹奏时，他总是潸然泪下。

潜藏的本能欲望时时冲动着，他便经常去和年轻人聚会。在一起疗养的人们惊奇地发现，这位74岁的老人直到深夜还在和女人们一起散步，并看到他在多年未曾涉足舞场之后又开始参加舞会。正如他自己自豪地说的那样：“女舞伴们变换位置时，大多数美丽的姑娘都来争拉我的手。”在这一年的夏天，他那种古板的性情神奇地消失了，他的心扉敞开了，整个心灵都被那古老的魔法师——永恒的爱的魅力所俘获。从他的日记中可以看到，“春梦”“昔日的维特”重新在他的内心复苏了。恰似半个世纪前他遇到莉莉·舍内曼一样，与女人亲近，激发他写出许多隽美的小诗、风趣的戏剧和诙谐小品，而此刻，究竟爱上哪一个姑娘，他并未拿定主意：开始是那位美丽的波兰姑娘，后来才是那个倾注了歌德全部激情的19岁的乌尔丽克·冯·莱佛佐。就在15年前，他曾爱慕过她的母亲。而且一年之前他还用父辈的口气亲昵地称她为“小女儿”，可现在，怜爱忽然变成了情欲，好像整个身心染上了一种病，他在火山般的感情世界中震颤，而这种感受他已多年没有了。

这个74岁的老翁简直像一个情窦初开的男孩：林荫道上刚一传来笑声，他便急忙放下工作，不戴帽子也不拿手杖，急匆匆地跑下台阶去迎接那位活泼可爱的女孩子，并像一位少年、一个男子汉似的向她献殷勤。于是，一幕充满欲望、结局悲伤的荒唐戏上演了。

歌德在同医生私下商谈之后，就向他同伴中的最年长者——大公爵倾诉衷肠，请他帮忙，到莱佛佐太太那里为自己向她的女儿乌尔丽克求婚。此时，大公爵不禁回想起五十年前他们在一起同女人们寻欢作乐的那些疯狂的夜晚，或许还在内心里悄悄地、幸灾乐祸地窃笑这个被德国和欧洲誉为本世纪最睿智、最深刻、最大彻大悟的哲人。不过，他还是郑重其事地佩戴上勋章绶带，走访了姑娘的母亲，为这位74岁的老翁向那个19岁的姑娘求婚。至于她如何回复，不知其详——看来她是用了拖延的办法。因此，歌德也就成为一个心中没底的求婚者。而当他越来越强烈地渴望再次占有那位可人儿的青春时，他得到的不过是匆匆的亲吻和普通的安慰的言辞。这个始终迫不及待的人还想在更有利的时候再试一次：他痴痴地追随着他心爱的人从玛丽恩巴德赶到了卡尔斯巴德，他那满心的渴望仍然见不到成功的迹象。

夏天就快过去了，他的痛苦越来越强烈。终于到了该离开的时刻，他还是没有得到任何承诺和暗示。而现在，当车轮滚滚前行之时，这位善于预测未来的人已经感觉到，自己一生中一件非同寻常的事已经画上句号。但是，在这黯然销魂的时候，上帝——这个自古以来的安慰者，内心最深痛楚的永恒伴侣——来到他的身边。因为这位天才已经悲情难抑，在人世间又得不到任何安慰，于是只能呼唤着上帝。像从前歌德曾数次从现实世界逃到诗歌世界一样，这一次，他又遁入诗歌之中——只不过这是他此生中最后一次罢了。他曾在四十年前为塔索写过这样两行诗：

当一个人痛苦得难以言语时，
上帝让我倾诉我的烦恼。

为了用特殊的方式对上帝这最后一次的恩赐表达谢意，这位74岁的老人把这两句诗作为现在这首新诗的题诗写在了前面，以揭示他重又奇怪地面临这种处境。

此时，年迈的老诗人在前行的马车里陷入沉思，为心中那一连串得不到回答的问题而忧烦不已。今天清晨，乌尔丽克和她妹妹一同匆匆地迎来，在“喧闹的告别声”中为他送行，那双充满青春气息的甜蜜可爱的嘴唇还亲吻过他，莫非这是一个充满柔情的吻？或者是一个女儿般的吻？她能够爱他吗？她是否会将他最终忘记？正在急着盼着等着他那丰厚遗产的儿子、儿媳会容忍这桩婚姻吗？难道人们不会嘲笑他吗？到了明年，他在她眼里会不会显得日益衰老？即使他还能再见到她，又能指望怎样的结果呢？

这些问题在他心中不停地翻滚着，突然，一个问题——一个最本质的问题变成了一行诗，又变成了一节诗。

如今，花儿依然无意绽开，
再相逢，又有什么可以期待？
在你面前是天堂，也是地狱，
我的心呵，竟是如此辗转往复！

是上帝让诗人“倾诉我的烦恼”的，于是，疑问、痛苦、挣扎都变成了诗歌。内心的呼喊——心灵掀起的巨大波澜一泻千里，毫无阻挡地奔流到这首诗中。

现在，悲伤又涌入水晶般透明的诗行，是诗歌，把浊流激荡的思绪奇妙地变得澄澈。正如诗人在心绪纷乱、备感“忧郁”的时节偶然举目远眺那样，他在奔驰的马车里眺望着波希米亚宁静的清晨，一派升平景象恰好同他内心的躁动形成对比，眼下的画面即刻便进入他的诗行：

世界不是依然存在？峭壁山岩
不是在晨光中黑黢黢地挺立在那边？
庄稼不是已经成熟？河畔的丛林和牧场

不是一片碧绿的原野？

笼盖大地的无际天穹
不是云烟过眼，无穷变幻？

但是，眼前的现实世界对他而言仍然显得缺乏生气。在恋情燃烧的时刻，他会把眼中的一切都与那个迷人的身影联系上，于是，记忆中的倩影又幻化在他的眼前。

一个窈窕的身形在碧空中的薄雾里飘荡
多么轻盈和优美，多么温柔和纯净，
好像撒拉弗天使拨开层云，

露出她的仙姿；
你看她——这仙媛中的佼佼者，
婆娑起舞，无比畅快。

可是你感觉到这替代真人的幻影
不过是短暂的瞬间；
回到内心更深处吧，在那里你会得到更多的发现，
她会在那里幻化出无穷的魅影：

一个身体会变出更多的形象，
千姿百态，越来越可爱。

他刚刚表示出这样的愿望，乌尔丽克的身影便那么迷人地浮现在眼前。于是他用诗描绘着她如何亲近他，如何“一步一步地使他沉浸在幸福之中”，以及她在最后一吻之后如何把“最终”的一吻印在他的双唇上。不过，这位年迈的诗圣一边沉醉在这样极乐的幻象中，一边却以最高尚的形式，写出了一节在当年的德语和任何一种语言中都可称得上最纯洁的诗句：

我们纯洁的心中有一股热情的冲动，
由于感激，心甘情愿把自己献给
一个更高贵、更纯洁、陌生的人，
向那永远难以称呼的人揭开自己的秘密
我们把它称为：虔诚！——当我在她的面前，
我觉得自己享受到了这极乐的顶点。

然而，正是在回味着这种极乐境界之时，这个孤独的人才备感眼下这种离别的痛苦。于是痛苦喷涌而出，几乎破坏了这首杰作的那种悲歌诗体的崇高情调。这完全是一种内心情感的宣泄，在他多年来的诗作中，只有这一次是将亲身经历直接自发地转化为诗歌，这真是感人至深的悲诉：

如今我已远走！眼前的时光
我不知道该怎样排遣？
她赠给我了一些享受美的财产
但注定会成为我的负担，我必须将它抛弃。
难以抑制的渴望使我坐卧不宁，
没有别的办法，除了流不尽的眼泪。

接着，便是那最后的、极尽忧伤的呼喊，这喊声愈来愈激昂，几乎到了不能再高亢的地步：

忠实的旅伴，把我留在这地方吧，
让我一个人栖止在这岩石边、沼泽里、青苔上！
你们去吧，世界依然为你们开放，
大地辽阔，天空恢宏而又崇高，
去观察、去研究、去归纳，
自然的秘密就会一步步揭开。
我已经失去一切，也失去了我自己，
尽管不久前我还是众神的宠儿；
但他们考验我，赐予我潘多拉，
她身上有无数的珍宝，但也有更多的危险；
他们诱我去吻那令人羡慕的嘴唇。

然后又将我拉开——把我掷向无底的深渊。

这位平日善于克制的人还从未写出过类似的诗句。少年时，他就懂得掩饰自己的感情，青年时代，他也懂得克己，通常只是在描摹和隐喻自己的文字中象征性地流露一些自己心灵深处的秘密。然而，当他已是一个白发苍颜的老翁时，却第一次在自己的诗行中尽情地抒发自己的内心情感。五十年来，在这位多愁善感的伟大的抒情诗人心中，也许从未有过比这一时刻更为难忘的激情，这应当是他一生中最值得纪念的转折点。

歌德自己也觉出这首诗来得十分神秘，仿佛是命运馈赠给他的珍贵礼物。于是在他刚一回到魏玛的家中，还未着手其他工作和处理家务事之前，他首先要做的事情就是亲手誊清这一艺术杰作——《悲歌》的草稿。整整三天的时间，他像修道士似的隐居在自己的净修室里，用端庄的大字体在精选的纸张上把诗抄写好，并像保管一个秘密似的把它收藏好，连家中最亲密的人和最信赖的人也不让知晓。为了免得容易引起非议的消息不胫而走，他亲自将诗稿装订成册，配以红色的羊皮封面，用一根丝带扎好（后来他又改用精致的蓝色亚麻布作封面，就像现在在歌德·席勒资料馆中所见的那样）。

那几天是令人烦闷易怒的日子，他的结婚计划在家里只招来了嘲讽和儿子的公开敌视；他只能在自己的诗句里同那可爱的人儿缠绵。直到那位美丽的波兰姑娘施玛诺芙斯卡再次来看望他时，他才重温起在玛丽恩巴德的那些美好的日子里产生的感情，他才重又开始变得健谈。

10月27日，他终于把爱克曼叫到身旁，以一种与往日迥异的庄重语气朗读了这首诗的开头部分，这表明了他对这首诗怀着不同寻常的偏爱。仆人不得不在书桌上点起两支蜡烛，然后才请爱克曼在烛台前坐下来，阅读这篇诗作。此后，其他人也渐渐地听到这首悲歌。当然，只限于那些最信赖的人。因为正如爱克曼所说的那样，歌德就像守护“圣物”那样地守护着它。

在接下来的几个月的时光里，更表明了这诗歌对他一生有着非同寻常的意义。这个重返青春的老人的健康状况在一日好似一日之后不久，出现了衰竭现象。看来，他又濒临死亡的边缘了。他频繁地挪动着，一会儿从床上挪到扶手椅上，一会儿又从扶手椅上挪到床上，没有片刻的安宁。

儿媳妇出外旅行去了，儿子怒气冲冲，因而没有谁来照顾他，也没有谁来为这个孤独的老者出些主意、想点办法。

这时，歌德的莫逆之交策尔特尔从柏林赶来了——显然是朋友们把他召来的。他马上觉察到歌德的内心在燃烧着。他惊异地写下这样的话：“我感觉，他看上去简直是一个处于热恋中的人，而这热恋使他的内心经历着青春的一切痛苦。”

为了医治歌德内心的创伤，策尔特尔怀着“深切的同情”，一遍遍地为他朗读这首特殊的诗篇。歌德每次听这首诗的时候，从不感到疲倦。直至痊愈后，歌德在写给策尔特尔的信中说道：“这真是奇怪的事，你那充满感情、柔和的嗓音，令我多次感悟到我内心中有着多么深沉的爱，尽管我自己不愿承认这一点。”

他接着又写道：“我对这首诗真是爱不释手，恰好我们又在一起，所以你就得不停地读给我听，唱给我听，直到你能背诵为止。”

正如策尔特尔所说的那样：“是这支刺伤他的矛本身治愈了他。”或许也可以这样解释：歌德正是通过这首诗拯救了自己。他终于战胜了痛苦，让那最后一线的无望的希冀从此破灭。与心爱的“小女儿”结婚的梦想从此结束了。他知道自己再也不会去玛丽恩巴德，再也不会去卡尔斯巴德，那个逍遥者们休闲的愉悦世界的大门从此关闭了。从此以后，他的生命只属于工作。

这位饱经情感折磨的人对“命运的新起点”完全失去了兴趣，在他生命的历程中又出现了一个伟大的词：完成。他仔细检索了自己六十年来的作品，觉得它们零碎、分散，由于现在已不可能再进行新的创作，他决定至少要进行一番整理工作。他签订了出版全集的合同，获得了版权专刊。他把刚刚倾注在19岁少女身上的爱再次献给他青年时代的最忠实的伴侣——《威廉·迈斯特》和《浮士德》。他精力充沛地工作着，在发黄的稿纸上重温上个世纪制订的计划。

80岁以前，他完成了《威廉·迈斯特的漫游年代》，81岁时，又以坚忍不拔的毅力继续他毕生的“主要事业”——《浮士德》的创作。在《悲歌》诞生的命运带来不幸的日子过去七年之后，《浮士德》完成了。他怀着像对《悲歌》一样敬重的虔诚之情，将《浮士德》盖印封存，对世界秘而不宣。

在那两种感情领地——最后的“欲念”和最后的“戒欲”之间，在起点和完成之间，9月5日，即离开卡尔斯巴德，告别爱情的那一天——那令人难忘的内心转折时刻：在悲痛难抑的哀哀倾诉之后转入永恒的宁静的境界——是道分水岭。那一天堪称纪念日，因为此后在德国的诗歌中，再也没有谁能像歌德那样把情欲冲动的时刻描写得如此绝妙，把最亢奋的激情倾注入如此充满精神力量的长诗。

黄金国的发现

（旧金山）只不过是一个渔村，而现在，苏特尔心潮澎湃：黄金简直是完全暴露在地面上，而这片土地是属于他的，是他苏特尔的财产，如此看来，一夜之间他便成了世界上最富有的人。

人们把这个老乞丐（苏特尔）的尸体抬走。这是一个死去的老乞丐，但他的衣袋里藏着一份申辩书。上面要求按照世间一切公正的法律保证给他和他的继承人一笔有史以来最大的财产赔偿。

一个厌倦欧洲生活的人

1834年，一艘美国轮船从哈弗尔驶往纽约。船上有数百名亡命之徒，其中有一个人名叫约翰·奥古斯特·苏特尔。他的原籍是瑞士巴塞尔附近的吕嫩贝尔格，时年31岁。被指控为破产者、窃贼、证券伪造者，为了逃避即将面临的欧洲几个法庭的审判，他匆匆丢下妻子和3个孩子，在巴黎凭借一张假身份证弄到一点钱后，便踏上了新的生活旅程。

7月7日，他抵达纽约，在那儿待了两年，几乎什么工作都试过，比如打包工、药剂师、牙医、药材商、开小酒馆，不管会不会干，最后他总算在那儿略微安顿下来，开了一家客栈，但没过多久，又将它卖掉了。他随同当时一股着魔似的迁徙洪流搬到密苏里州，在那儿从事农业经营。时间不长便有了一笔积蓄，足够安安稳稳地过日子了。然而，一些皮货商、猎人、冒险家、士兵不时从他门前经过，他们有的来自西部。有的前往西部，渐渐地，“西部”

这个词开始散发出诱人的光芒，听说想到那里，首先要穿越辽阔无际的大草原，草原上野牛成群，人烟稀少，有时在草原上走上一天甚至一个星期，都见不到一个人影，只有肤色发红的印第安人在草原上奔跑着追逐猎物，接着迎面而来的就是难以翻越的高山峻岭，最后才是那片叫作“西部”的土地。

这片土地的详情，没有谁能说清楚，它富有神话色彩的富饶已是妇孺皆知。在当时，加利福尼亚还蒙着一层神秘的面纱，人们传说那里遍地流的是牛奶和蜂蜜，人人都可以随意取用。只不过那里实在是太遥远、太遥远了，简直已是天涯海角，敢去那里的人是要冒生命危险的。

但是，约翰·奥古斯特·苏特尔浑身流淌的都是冒险家的血液。他不屑于过安居乐业的平庸生活。1837年的一天，他变卖掉自己的田地和家产，组织了一支远征队，带上车辆、马匹和一群美洲野牛，从印第安奔斯堡出发，前往那陌生的远方。

进军加利福尼亚

1838年，苏特尔带着两名军官、五名传教士、三名妇女出发了，他们乘坐牛车向杳渺无际的远方驶去。穿越了一片又一片辽阔的大草原，翻过一座又一座巍峨的山岭，执着地向着太平洋的方向前行。10月底，他们到达温哥华，这已是三个月后了。然而，两名军官还未到达那里就离开了苏特尔，五名传教士也半途而废，没能坚持下来，三名妇女则饿死了。

现在，仅仅剩下苏特尔一人了，有人劝他留在温哥华，并替他谋了一份职位，但什么都无法留住他，他断然拒绝了一切。加利福尼亚——这个神奇的充满魔力的名字将他牢牢地攫住了。他毅然驾一艘破旧的帆船，渡太平洋，先抵达夏威夷群岛，然后沿着阿拉斯加海岸航行，历尽千辛万苦，最后在一个名叫圣弗朗西斯科（今旧金山）的荒凉陆地上岸。昔日的圣弗朗西斯科可不像今天的那座经历大地震后迅速崛起的、拥有百万人口的大都市。当时，圣弗朗西斯科还只是个贫穷的渔村，尚未成为墨西哥的那个偏僻省份——加利福尼亚的主要城市，连它的名字都是起源于弗朗西斯教派的传教站。当时的加利福尼亚极为荒凉，无人管理，是处于美洲新大陆最富庶区域中的一片未经开垦的处女地。

西班牙的混乱局面因缺乏权威管理而日益加剧，暴乱频发，人力畜力极度匮乏，故而无力励精图治。当苏特尔骑着租来的马，走进富饶肥沃的萨克拉门托山谷后，不消一天的时间，他便得出这样的结论：在这片土地上，不仅仅是可以建一座农庄、一个大农场，简直是司以建起一个王国。第二天，他骑马直奔蒙德这座十分简陋的首邑，向阿尔瓦拉多总督进行了自荐，并阐明自己要开垦这片土地的意愿和规划蓝图，他要将夏威夷群岛上勤劳的有色人卡拿卡人迁徙到这里，并愿意承担为他们建立移民区的职责，他要建立一个名为新尔维夏的小国家。

“为何要命名为新尔维夏呢？”总督问。

“因为我是瑞士人，同时还是一个共和主义者”。苏特尔回答道。

“好吧，按你的意愿去做吧，这片土地我租让给你了，为期10年。”

就这样，事情进展得很顺利，他们很快在那里签署了协议。在一个天高地远，与文明世界隔着千山万水的地方，一个平凡人的常力所获得的报偿就会非在家中之日可比了。

新尔维夏

1839年，一行驮着货物的牲畜队伍缓缓地沿着萨克拉门托河岸向上游行进。苏特尔腰间别着一支枪，骑马走在最前面，两三个欧洲人紧跟在他的后边，接着是150名身穿短衫背心的卡拿人，后面跟着满载粮食、日用品、种子和弹药的牛车，还有50匹马、75头骡子和一群群的奶牛、绵羊，最后是一支小小的后卫队——这就是要去征服新尔维夏的全部人马。

只见他们前面浓烟滚滚、烈焰冲天。原来他们在焚毁林木，因为这可比砍伐林木简便得多。熊熊烈火刚刚烧完这一片土地，树墩残干还余烬未熄，他们就开始工作了：建仓库；挖水井；在无需耕耘的田地上播撒种子；为源源不断地充实进来的牛羊群筑起栏圈。渐渐地，来自邻近传教站开辟的偏僻殖民地上的大批新人迁移到了这里。

收获实在太可观了，播下去的种子获得了五倍的回报。粮食满仓，没多久，牲畜就数以千计。在这片土地上生存虽然还有着一定的困难，有时需要讨伐那些敢于不断侵犯这片欣欣向荣的殖民地的当地土著。但新尔维夏的领域日渐辽阔。河道水渠、磨坊工场、海外商店纷纷兴建创办起来，江河上船只来往穿梭。苏特尔不仅为温哥华和夏威夷群岛供给所需，而且还为所有停泊在加利福尼亚的帆船供给所需。他种植水果——这些加利福尼亚水果如今已享誉世界。

看，小果在那儿生长得多么喜人！他引进法国和莱茵河的葡萄品种，几年时间，缀满果实的葡萄藤已漫山遍野。至于苏特尔自己，他建造了许多房屋和豪华庄园，甚至还花费180天的时间从巴黎运来一架普莱耶尔牌钢琴；还用60头牛从纽约运来一台蒸汽机，载着它穿越了整个新大陆。在英国和法国的那些最大的钱庄银行里都有他存入的巨款并能得到信贷。现在，45岁的苏特尔正处于事业的巅峰。这时，他想起了14年前，不知把妻子和孩子扔在世界的何处，于是他写信给他们，请他们到这儿来，到他自己的领地上。他觉得现在一切都掌握在自己手里，他是这里的主人，是世界上最富裕的人之一，而且会永远富有下去。

不久，美利坚合众国终于把这块放任不管的殖民地从墨西哥手中并入到自己的版图里，所有的一切都显得极为安全，且更有保障了。又过了若干年，苏特尔确实成了世界上最有钱的人。

带来厄运的一铁锹

1848年1月，约翰·奥古斯特·苏特尔手下的一个细木匠——詹姆斯·威尔逊·马歇尔突然冲进苏特尔的家中，神情异常激动，要求马上同他进行交谈。苏特尔感到很奇怪，因为昨天他才刚刚把马歇尔派往自己在柯洛玛的庄园里去建一个新的锯木场，而他竟没有得到允许就跑了回来。眼下，他站在苏特尔面前，因激动而浑身颤抖不已。他将苏特尔推进房间里，锁上房门，然后从口袋中掏出一把含有少量黄色颗粒的沙土，他说，昨天掘地的时候，他突然注意到这种奇特的金属，他认为这是黄金，却被周围的人所嘲笑。苏特尔郑重其事地将这些颗粒拿去做了分析试验，结果证明，果真是黄金！他决定第二天就与马歇尔一起骑马到那农庄去。然而这个木匠师傅当晚就冒着暴风雨骑马赶回了农庄，他也是迫不及待地想要得到证实——他是第一个被那种可怕的狂热所攫住的人，没多久，这种可怕的狂热席卷了整个世界。

苏特尔上校于第二天上午赶到了柯洛玛。人们将水渠截流后，检查那里的泥沙。只消轻轻晃动几下筛网上的泥沙，就有亮晶晶的黄金细粒显露出来，苏特尔将自己身边的几个白人召集到一起，要他们发誓对此事保密，直到锯木场建成。然后他骑马回到自己的农庄，虽然他貌似严肃，却心潮澎湃：据人们所知，迄今为止还从未有人能如此轻而易举地获得黄金——黄金简直是完全暴露在地面上，而这片土地是属于他的，是他苏特尔的财产，如此看来，一夜之间他便成了世界上最富有的人。

淘金热

世界上最最富有的人？不——他后来成为世界上最穷困、最可悲、最绝望的乞丐。八天后。秘密被泄露出去，是一个女人——总是女人！——把此事透露给了一个过路人，还给了他几颗黄金细粒。

这之后发生的事情可谓史无前例。苏特尔手下的人一时间全部离开了自己的工作岗位，铁匠们跑出铁工场，牧羊人丢下羊群，种葡萄的离开葡萄园，士兵们扔下枪支，所有的人都如中疯魔一般，急匆匆地拿起筛网和煮锅，直奔锯木场，从泥沙中淘黄金。

一夜之间，整片土地就这样被人弃置不顾了，奶牛因无人挤奶而大声哞叫着，有的倒地而毙；野牛冲出了栏圈，践踏着农田；成熟的庄稼全烂在秸秆上；奶酪工场已停工；谷仓倒塌；大工场的轮盘联动装置安静地停在那里。只有电讯穿越陆地和海洋，不停地传播着发现黄金的好消息，于是，人们如潮水般从各个城市、海港奔涌而来，水手们离开自己的船舶，政府的公务员离开自己的岗位，他们形成了一个长长的，没有尽头的纵队，有步行的，有骑马的，有坐车的，从四面八方汇集此地，掀起一股狂热的淘金流。

这些淘金者们简直像一群蝗虫。他们蔑视任何法律，只相信自己的拳头；他们践踏任何法令，只相信自己的左轮手枪。这样一群无所顾忌、崇尚暴力的乌合之众，遍布了这片欣欣向荣的殖民地。在他们的眼里，这里的一切都是没有主人的，也没有人敢对这群胡作非为之徒说一个不字。他们宰杀苏特尔的奶牛，拆掉苏特尔的谷仓，盖起了自己的房屋，践踏苏特尔的耕地，盗窃苏特尔的机器——转眼间，约翰·奥古斯特·苏特尔就一贫如洗了，恰似迈达斯国王最后被自己点化的黄金所窒息一般。

而这股淘金风暴却愈来愈猛烈。消息已传遍整个世界，在1848年至1852年这四年里，成千上万的冒险家从德国、英国、法国蜂拥而至，仅从纽约一地，就有100艘船驶来。一些人绕道好望角赶来，但对那些性急的人而言，这条路无疑太远了。于是他们选择一条更为凶险的道路：穿越巴拿马地峡。一家闻风而动的公司迅速在地峡铺设了一条铁路，为了铺就这条铁路，数以千计的工人死于寒热病，而这仅仅是为了能使那些迫不及待的人缩短三四个星期的路程，以便早早得到黄金。数不胜数的庞大队伍浩浩荡荡地越过美洲大陆，不同种族的人、讲着各种语言的人源源不断地从四面八方赶来。

他们都在约翰·奥古斯特·苏特尔的地产上挖掘黄金，就像

在自己家的土地上一样。一座城市以梦幻般的速度在圣弗朗西斯科的土地上崛起，互不相识的人彼此贩卖自己的土地和田产——而这片土地是属于苏特尔的，并且有政府签署的公文为证。然而最终，苏特尔自己的王国——新尔维夏的名字终于消失在这个迷人的字眼——黄金国——加利福尼亚之中了。

约翰·奥古斯特·苏特尔再次破产。他木呆呆地眼看着这强取豪夺的一幕，茫然无助。起初，他还想同他们争夺，他想与自己的仆人和伙伴们一起敛取这份财富，可是所有的人都离开了他。他只好完全退出了淘金区，远离这条给他带来厄运的河流和掺和了世俗贪欲的泥沙，回到自己的一座与世隔绝的山麓农庄隐居起来。

在那里，他的妻子带着三个已成年的儿子终于与他团聚了，但没多久，妻子就因旅途极度劳累而死去。现在，三个儿子总算在身边了，他们合起来共有八条胳膊。于是，约翰·奥古斯特. 苏特尔和儿子们一起重新创业，他再次振作起来，带着三个儿子拼命劳作，经营农业，在这片无比肥沃的土地上默默地、坚忍不拔地干着。在他心中又孕育着一项宏伟的计划。

诉 讼

1850年，美利坚合众国已把加利福尼亚并入自己的版图，在合众国的严格治理下，社会秩序也终于随着财富一同降临到这块被黄金迷住了的土地上，混乱的无政府状态终于被遏制住了，法律重新获得了权力和地位。

约翰·奥古斯特·苏特尔突然提出了自己的权益要求。他说，他有足够合法的理由把圣弗朗西斯科城所占的所有土地归还给他；加利福尼亚州政府有责任赔偿他因遭遇盗窃所造成的所有财产损失；对于所有那些在他的土地上淘金的人获取的黄金，他要求分到应得的那一份。

于是，一场涉及范围之广在人类历史上闻所未闻的诉讼开始了。

约翰·奥古斯特·苏特尔把在他的种植区安家落户的17221名农民全都告上了法庭，要求他们从他的被私自强占的土地上搬走。另外，他还要求，加利福尼亚州政府付给他2500万美元，作为对他私人兴建的那些道路、水渠、桥梁、堰堤、磨坊等的赎买金；要求联邦政府支付给他2500万美元，以赔偿他那被毁掉的农田。此外，他还要求从全部挖掘来的黄金中取得自己应得的份额。为了打这场官司，他把自己的第二个儿子埃米尔送到华盛顿去学习法律，并拿出自己几个新农庄的全部收益来投入到这旷日持久、耗资巨大的官司上，他办完所有上诉的程序就花费了四年的时间。

1855年3月15日，审判时刻来到了，廉洁公正的法官汤普森——这位加利福尼亚州的最高长官裁定：约翰·奥古斯特·苏特尔对这片土地的权益要求是完全合法和不可侵犯的。

至此，约翰·奥古斯·苏特尔终于如愿以偿，他成了世界上最富有的人。

结 局

他成了世界上最最富有的人？不——根本没有，最后，他成了一个最最贫困潦倒的乞丐，一个最最不幸、下场极为可悲的人。命运再一次与他相违，他遭到了致命的打击，而这次打击使得他此生无法东山再起。

判决消息一传开，圣弗朗西斯科和整个加利福尼亚顿时卷起一场可怕的风暴。数以万计的人结伙举行暴动。所有那些感到自己的财产受到威胁的人，街上的无赖混混和一贯以抢劫为乐事的流氓歹徒一起冲进了法院大厦，把它付之一炬。随后，他们到处搜寻那位法官，要将他处以私刑。他们组合成一支浩浩荡荡的抢劫大军，前去洗劫苏特尔的全部财产。

结果是，苏特尔的长子在匪徒们的围困下开枪自尽了；二儿子被杀掉；小儿子虽然挣扎着逃了出去，但却不幸在回家的路上淹死了。新尔维夏的土地上火光四起，苏特尔的农庄全毁了，葡萄藤被

践踏得七零八落，那些家具、器物、贵重的收藏物及其他金银财物全都被洗劫一空。万贯家财在毫不留情的愤怒之中统统化为乌有，苏特尔自己则好不容易才捡了一条命。

经过这一次沉重打击，约翰·奥古斯特·苏特尔再也不可能重振家业了。他的事业全完了，他的妻儿都已不在了，他的神志也已混乱不清，但是，在他已变得糊里糊涂的脑子里剩下一个念头还在不时闪动，去打官司，去寻求公正。

于是，25年来在华盛顿法院大厦周围，一直有一个衣衫褴褛、精神委顿的老人在游来荡去，法院所有的办公人员都认识这个身穿肮脏外套、脚踏破鞋的“将军”，他要求得到他的几十亿美元，当然，总有一些想从他身上捞好处的律师、投机者和滑头们不断地怂恿他去重新打一场官司，以捞去他最后一点养老金。其实，这时的苏特尔已并不是真心想要钱，他对黄灿灿的金子已经十分厌恶，是金子弄得他倾家荡产，是金子杀死了他的3个儿子，是金子毁了他这一生，他只是固执地想要得到属于自己的那一份权利。正像一个偏执狂病人，他怀着无比的激愤要为自己的权利而进行一场无休止的斗争。他到参议院去申诉，到国会去申诉，他相信各种各样说要帮他忙的人，而这些人却寻开心似的给他套上可笑的将军制服，牵着这个不幸的偶人，从一个官署到另一个官署，从这个国会议员访到那个国会议员，就这样，他一直奔波了20年。

这是自1860年到1880年凄惨可怜、行乞般生活的20年。他年复一年、日复一日地围着国会大厦踯躅蹒跚，所有的官吏都嘲笑揶揄他，所有的街头少年都要捉弄他，拿他寻开心，而他就是地球上那片最富饶的土地的所有者，这个富饶之国的第二座大城市正矗立在他的土地上，而且每时每刻都在发展壮大，但是人们却让这个讨人嫌的老家伙一直等下去。终于，在1880年7月14日下午，苏特尔因心脏病猝发倒在了国会大厦的台阶上，从而万事皆休，人们把这个老乞丐的尸体抬走。这是一个死去的老乞丐，但他的衣袋里藏着一份申辩书，上面要求按照世间一切公正的法律保证给他和他的继承人一笔有史以来最大的财产赔偿。

可是，直到今天，也没有人要求得到苏特尔的这笔庞大的遗产，没有一个他的后裔来提出这样的要求。圣弗朗西斯科依然矗立着，那一大片土地仍然属于别人，在那里还从来没有人辩论过什么土地的权利问题，只有一个名叫布莱斯·桑德拉的作家给了这个被世人忘却了的约翰·奥古斯特·苏特尔一点权利，这是他那一生坎坷给他的唯一权利：后世对他惊诧莫名的回忆。

奔向宇宙之巅

漫长的四千年人类文明中，零星地散布着一些生命——他们以自己整个身心，在对终极真实虔诚地体验与追求中，把自己的生命演绎成解脱的、快乐的命运之曲。上至老子、庄子、释迦牟尼，今至印度瑜伽士室利·阿罗频多、尼采……他们被黄沙般的芸芸众生目为异类或狂人，而在后世，他们的思想如真理那热情而明晰的光芒，照亮人类认识的茫茫黑夜。他们，正是人类智慧闪耀着的群星。

没有人物的悲剧

最大限度地享受存在的乐趣意味着危险的生活。

——《不合时宜的思考》

弗里德里希·尼采的悲剧是一出独角戏：在他短暂的人生舞台上。除了他自己以外没有其他人物了。疾风骤雨般的幕起幕落之间，唯有他独自搏击的身影，没有人上场与他并肩或是对峙，也未曾出现过一位女性，以柔情缓和那紧张的气氛。每一举一动，既出自他，又返回来作用于他：起初上场的些许几个陪衬角色，只伴着他的英雄行为。无声地做了几个表示惊骇讶异的动作，随后，仿佛感到某种危险似的，渐次畏缩消失了。没有一个人敢靠近乃至陷入这样一个命运的漩涡之中，尼采永远是孑然一身——自言自语，孤军奋战，并独自受难。他讲话，但不是讲给任何人，也没有任何人回答他。而更为可怕的是，没有任何人留心地听他讲。

弗里德里希·尼采这部英雄悲剧中没有人物，不管是同伴还是听众。不过，它也没有真正的舞台、场景及化妆，就仿佛是在思想的真空里上演。巴塞尔、瑙姆堡、尼斯、索伦托、西尔思·马利亚、热那亚——这些地名并不代表他真正的安身之所，而仅仅是激情燃烧的羽翼掠过迢迢路途中无形的里程碑，是冷寂的背景，无语的标识。事实上，这出悲剧的场景并不曾更换过：独自一人，孤独——那可怕的、无言亦无回应的孤独，犹如一只严丝合缝的玻璃罩，包围、压迫着他的思想，其中没有鲜花，没有色彩声响，没有兽类人形，甚至没有上帝；这孤独，是冷寂的太初，遗世独立。但尤其使它的荒凉、寂寥显得可怖可厌并且荒诞不经的是，这片孤独的冰河荒原不可思议地存在于一个七千万人口、已经美国化了的国度里——这就是新德国，它充斥着火车的哐当哐当、电报机的嗡嗡嘤嘤，喧嚣、倾轧，而它的文化，向来是那样富于异乎寻常的好奇心、求知欲，每年四万册书籍在这里问世；每天，上百座学府从事着穷原竟委的学问，数百家剧院上演着悲欢离合——就是这样一种文明，对它自身核心之中精神那最为波澜壮阔的一幕却毫无察觉。

因为正当弗里德里希·尼采的悲剧进行到最关键的时刻，德语世界里突然再也找不见他的观众、听众、见证人了。起初，当他还是位教授，站在讲台上侃侃而谈，当瓦格纳头顶上的光环也恩泽于他，他的谈吐还多少吸引了一部分人的注意力。然而，他越是深刻地挖掘自身、挖掘时代，就越是难以找到共鸣。在他的英雄独白之中，不论朋友、陌生人，一个个被他越来越激烈的转变、越来越狂热的兴奋吓坏了，胆怯地纷纷起身，撇下他形只影单地站在他命运的舞台之上。渐渐地，那悲剧演员变得不安起来，由于完全是对着虚空讲话，他的音量越提越高，像在大吼大叫，动作越来越猛，好为自己找到回应——哪怕是召来非议。

他为自己的话语创造了一种音乐，一种汪洋恣肆、激情澎湃的酒神音乐，但没有人因此而更注意他，哪怕是一星半点儿。于是他强作诙谐，装出一种辛辣、尖锐的兴高采烈，他把句子写得疯癫跳跃。他突然变得喜欢插科打诨，这一切强颜欢笑都只是为了给他最真诚的严肃和庄重引来听众，但没有人为了鼓掌而动一动手指。最终他又发明了一种舞蹈，一种刀光剑影之中的舞蹈，在众人面前，他伤痕累累，衣衫褴褛，鲜血淋漓，表演着他那新创的致命的艺术，但是，没有人知道这表面的潇洒不羁之下受伤至深的激情。没有听众，没有任何反响，这出前所未有的灵魂之剧，在空空如也的观众席前结束了。而它本是我们这个倾颓中的世纪所获得的一件馈赠。没有任何人转过目光——哪怕是漫不经心地——看一眼，他那在钢尖上旋转的思想之陀螺是如何做最后一次优美的腾跃，而终于踉跄着倒向地面，“因不朽而死去”。

这种“与自己为伴”“与自己为敌”，正是弗里德里希·尼采的生活悲剧中至深的意义和困境：如此丰富的心灵面对的是如此如金属般致密而无法穿透的沉默——这是绝无仅有的。他甚至不曾有幸遭遇一个知名的反对者，于是无比坚强的思想意志只得“无情地挖掘着自己，埋葬着自己”，向在痛苦中饱受煎熬的灵魂索取答案和反对的声音。那命运的搏击者就像从浸透涅索斯毒血的衬衫中挣脱出来的赫拉克勒斯，他不是从世界之中，而是从自己鲜血淋漓的皮肤中挣扎出来。以赤膊与最后的真理、与自己针锋相对。但包围着他赤裸的躯体的是怎样的严寒，吞没他发自心灵的呐喊的是怎样的沉寂，这“谋害上帝之人”的头顶上是多么可怕的天空——阴云密布，电光闪闪；既然没有对手找上门来，他也再找不到对手，他只有向自己发动进攻。“认识自我的人，无情地处决自己的刽子手！”他被自己身上的魔鬼驱赶到一切时空之外，也被赶出了自身。

哦，因莫名的热情而战栗，

因风刀霜剑而颤抖，

被你驱逐着，思想！不可言状的！隐秘的！可怕的思想！

有时他打个寒战，惊惧莫名地回顾，于是他看到他的生活把一切活着的和活过的东西甩在身后。但如此猛力的助跑收不住脚了：他自觉自愿地顺从了他的命运——恩培多克勒的命运——这是他挚爱的荷尔德林早就替他想好的。

壮美的原野没有天空，伟岸的表演没有观众，沉默，越来越深重的沉默包围着孤独灵魂的怒吼——这就是弗里德里希·尼采的悲剧：要不是他自己热情地对这悲剧说“是”，为了它的独一无二而选择它、热爱它，我们会把它当作世上最残酷的一幕而憎恶它。因为他清醒、自愿地放弃了稳定的生活，凭着内心深处某种悲剧本能为自己营造一种“特殊的生活”，他势单力孤地向诸神挑衅，致使他们在他身上“试验一个凡人在他的内心生活中所能承受的危险极限”。“接受我的敬意吧，魔鬼们！”大学时代某个快活的夜晚，尼采和他那些研究语文学的朋友们快活地纵声呼喊，召唤魔鬼：在幽灵出没的时刻，巴塞尔城已沉沉入睡，他们从窗子向大街上泼洒着一杯杯红葡萄酒，祭献给那目不能见的东西。这只是一次疯狂的寻开心，却隐含着某种预感：魔鬼真的听见了呼唤，他们尾随着那要他们来的人，从一夜戏谑竟演变成一出命运的悲剧。

但尼采从不曾阻拦那攫住他并把他整个甩出去的强力：锤子越是沉重地落在他身上，他坚如磐石的意志就会发出越发清越的声音。在痛苦这块烧得火红的铁砧上，随着铁锤的每一次敲击，精神披挂的铠甲被锻造得越发坚不可破，这是“为人类的伟大准备的铠甲——热爱命运：别的你什么也不想要，不愿向前，不愿退后，甚至不期望永生。那注定要来的不仅要承受它——妄图隐匿它更不可取——而且要热爱它”。他这唱给命运的至诚的爱情之歌盖过了他自己痛苦的呻吟：被踢翻在地，被周围世界的沉默几乎碾碎，被自己撕扯啃噬，被一切的苦难灼蚀，他却从不曾举起双手，恳请命运放过他。他甚至恳求得到更多：更深重的苦难和孤独，更完满的痛苦，更丰富的能力。只有为了祈祷，不是为了拒斥，他才会举起双手，那是最英勇无畏的祷词：“你，我心灵注定的遭遇，我称你为命运，你——在我之内，在我之上！保佑我，让我永远拥有一个伟大的命运吧！”

谁要是能这样热切地祈祷，他的恳求定会得到满足。

双重肖像

溢于言表的激情并非伟大的特征；谁非得弄姿作态，谁就是虚伪之徒……要提防一切“诗情画意”的人！

一个洋溢着激情的英雄肖像。大理石就是这样为他制造出传奇式的一派谎言：一颗英雄一般倔强地高昂的头颅，高高隆起的前额，因思虑而刻上了皱纹，头发像浪涛一样倾泻下来，覆住耿直的颈项。浓密的眉毛之下，目光闪亮如炬，脸上的每一块肌肉都紧绷着，显示出意志、强健和力量。髭须很有气概地横在严肃的嘴和咄咄逼人的下巴之上，标志着一个蛮勇的斗士。由这颗雄狮般孔武有力的头颅，你会不由自主地联想到一个身佩利剑、号角、长矛的日耳曼的维京人形象。我们惯于臆想和夸张的雕塑家和画家们，就是这样将那孤独者描绘成一个德意志式的超人、古代神话中被缚的普罗米修斯，好使他在那些狭隘的头脑里更直观一些，但那些人看多了课本和舞台剧，除了台上的装腔作势便不知什么是真正的悲剧。

而真正的悲剧，做戏是做不出来的。因此，尼采的真实面貌也远不是他的形像和画像那样。

下面则是一个人的肖像：一个廉价小公寓，寒酸的餐厅——这或许是在阿尔卑斯山的小旅馆里，或许是在利古里亚海边。客人们态度淡然，充其量有几个上年纪的太太在闲聊天。通知开饭的铃声响了三遍，一个缩着肩膀、背微驼的人蹒跚着迈进门槛：这个“瞎了七分之六”的人，简直就像是从洞穴里摸索出来的，然而却总是流露出一种奇特的沉着态度。刷得干干净净的衣服颜色深暗，浓密的栗色卷发使面目也显得十分黝黯。圆形的厚厚镜片后面是一双深色的眼睛。轻手轻脚地，甚至是有些羞怯地，他走上前来，一种异乎寻常的无声无息笼罩着他。你会觉得这是一个活在阴影中的人，远离一切的人际交往，对一切声响及喧嚣都怀着近乎神经质的畏惧：他向客人们致意，彬彬有礼地；其他人也向这位德国教授还礼，客客气气地，带着种可爱的漫不经心。小心翼翼地，近视的他挪到桌边；小心翼翼地，肠胃脆弱的他审视着每道菜：茶是不是太酽了？菜的味道是否调得太重了？因为食物中的每一点美中不足都会一连几天折磨他柔弱的神经。他的座位前，看不见一杯葡萄酒、啤酒、烈性酒或是咖啡；饭后，他不抽雪茄和香烟——任何使人兴奋、清醒或放松的东西一概免谈；他的一餐简短而清淡；然后再温文尔雅地与邻座轻声谈上几句（就仿佛因多年的荒疏而不再习惯于讲话，而且害怕别人过多地发问）。

他随后就上楼，回到他租住的房间——屋子狭小，家具寒酸，桌上堆满了不计其数的纸张、笔记和文章、校样，但没有鲜花和装饰品，几乎看不见书，也极少有信件。后面角落里放着一只笨重的木箱——他唯一的财产，装有两件衬衣以及他的另一套旧西装。除此之外就只有书籍和手稿；一个托盘上，装药的瓶瓶罐罐不计其数：有治头痛的——那经常会残酷地折磨他数小时之久；有治胃痉挛的；有对付令他抽搐的呕吐的；还有的药是为了延缓内脏器官的衰老；而最多的还是那些可怕的对付失眠的药：三氯乙醛，佛罗那之类。这简直是个恐怖的毒药库，但勉强能使他睡上片刻，没有它的帮助，在这个陌生、空寂的房间里，他根本无法休息。全身包裹在大衣和棉围脖里（因为那可恶的壁炉只冒烟，不生热），指头冻僵了，眼镜几乎要贴到纸上——他的手急促地移动着，一写就是几个小时，到后来，昏花的双眼几乎辨不清写出的字句。他会这样坐着写上几个钟头，直到眼睛火辣辣地疼痛、流泪：他生活中少有的快乐时刻，就是有人出于同情，愿意动手替他抄上两个钟头。

赶上好天气，这孤独的人会外出散步——总是独自一人，只与他的思想为伴：路上他从不和人打招呼，也从不曾有人与他同行或不期而遇。他讨厌的阴郁天气以及令他双眼疼痛的雨雪，无情地将他囚禁在自己的房间里，因为他从不下楼到别人那里去。到了晚上，他才又吃上几块饼干，喝上一杯清茶，然后立刻又投入漫长无际而孤独的思想之中。闪烁不定、冒着烟的灯盏之下，时间一小时一小时地流逝，他依然清醒着，神经依然高度紧张着，不能疲倦、松弛下来，而后，他抓起三氯乙醛，或者随便哪种安眠药。靠着这

般强迫的力量，他才终于睡着了，像那些从不殚精竭虑，也从不受魔鬼驱使的人们一样。

有时他好几天卧床不起，呕吐、挣扎，直到失去知觉，睡眠之中也仍然承受着剧烈的疼痛，而眼睛几乎全瞎了。但是没有人来到他的身边，没有人伸伸手，在他滚烫的额上敷块毛巾，也没有人为他读读书，或同他谈笑几句。

而不管在哪儿，他的房间都是这样子。城市的名称经常更换，索伦托、都灵、威尼斯、马里安温泉……但他总是住连家具一道出租的房间，陌生、简陋、陈旧、破损，再就是书桌、承受病痛的床铺，以及无尽的孤独。长年漂泊不定的生活中，从不曾在友情的欢愉之中享受片刻澄明的安宁；夜晚，从来没有一个温存的女性身体偎依在身旁；无数在工作中度过的沉沉黑夜，却永远迎不来荣名的曙光！哦，西尔恩·马利亚那片如画的高地！如今，它是游客们茶余饭后寻觅尼采遗踪的场所，然而，他的孤影离那里有多远多远啊！他那延伸的孤独飘然游离于尘世之外，也超越了他短暂的生命。

偶尔会有一个客人，一个陌生人来访。但是在他渴望与人沟通的意愿外面已经结成太厚太硬的一层壳：只有当陌生人离去，把孤独重新还给他，他才会松上一口气。这种“热闹中的孤独”经过了十五个春秋终于消失了。对话使这个独自苦苦煎熬着的人厌倦了，精疲力竭，并且愤愤然恼怒了。有时会有极短暂的一束快乐的光芒骤然亮起——那是音乐。在尼斯糟糕的剧院里上演的《卡门》，音乐会上的几支咏叹调，钢琴前度过的一个钟头。但就连一点点快乐都是那么强烈，“使他感动得流泪”。渴望得到的却无从得到——这是怎样的切肤之痛啊！

15年之久，一条道路连接起一个个洞穴一般的出租房间，隐姓埋名，不为人知；这是一条无声地隐没在大城市之间的道路，寒碜的寓所，粗茶淡饭，肮脏的火车，还有一个个病房；与此同时，外面的世界充斥着琳琅满目的艺术、科学声嘶力竭的叫卖声，犹如一个花花绿绿、光怪陆离的大年市，只有陀思妥耶夫斯基几乎与尼采同时避开了这一切，同样穷困潦倒，被人遗忘，犹如隐入了幽暗阴森的幽灵世界。雄奇的作品像巨人一样时时掩住拉撒路形销骨立的身影——他在他的苦难和创痛之中一天天向死亡靠近。只有那创造的意志创造了拯救的奇迹，每天把他从深渊中唤起。十年之久，尼采的房间如同一具棺材，他不知出出进进多少次，一次次受苦，一次次死去。又一次次复活，直到过度兴奋的大脑终于崩溃。这位时代的陌路人摔倒在都灵的街道上，还是陌生人发现了他。陌生人把他抬到卡罗·阿尔伯尔托路一个陌生的房间里，没有人目睹他的精神死亡，一如没有人目睹他的精神生涯。黑暗和神圣的孤独笼罩着他的毁灭。一个最伟大的思想天才孑然一身，无声无息地堕入了漫漫长夜。

疾病的辩词

不能置我于死地的，使我更坚强。

声声呻吟来自饱受病痛折磨的躯体，全身各处罹患的病症可以列出一张长长的单子，其中末尾的一项尤其可怕："在我生命中的每一年，痛苦都可怕地变得过量了。"真的，在这疾病的群魔殿中，简直一个病魔都不缺：头痛，锤击般使人麻木的头痛，能把这晕眩中的人击倒在沙发、床榻上数日之久。伴随着吐血的胃部痉挛、偏头痛、发烧、毫无食欲、疲倦乏力、痔疮、肠阻塞、冷战、盗汗——可怕地周而复始。再加上"瞎了四分之三的眼睛"，稍有劳累，便开始肿胀、流泪，令这个用大脑劳作的人"每天只准用眼一个半钟头"。

但是尼采无视这些保健措施，每天有10个小时在书桌前度过。于是过度征用的大脑开始报复了——剧烈的疼痛和神经紧张的超常运转。夜晚，身体早已经疲惫不堪，它却不肯立刻停止转动，继续翻搅着幻象、念头，直到安眠药的强力使它麻痹。但随着剂量与日俱增（两个月之内，为了获得可怜的一点睡眠，尼采要用掉50克氯水化合物），胃又开始抗议了——它不愿付出如此高昂的代价。于是恶性循环形成了——几致痉挛的呕吐，新一轮的头痛又需要新的药物。被激怒的器官，在疯狂的游戏中将痛苦这只长满刺的球互相抛来掷去，这是一场毫不留情、互不相让的激烈内讧。

一个个回合间从不休战，没有短暂的安宁和平，没有一个月他能感到惬意舒心，忘却缠身的病魔；20年间的信件里，几乎找不出几封字里行间没有发出声声呻吟。他那过于敏感、清醒而受了刺激的神经折磨着他，使他日益发出狂躁、暴怒的呐喊。“死吧，这对你更轻松些！”他向自己喊着，还写道：“一支手枪现在倒是一个比较令我愉快的念头”，或者“可怕的、不间断的折磨使我渴望着结束，从一些迹象来看，脱离苦海的那一击已经临近了”。他已经找不出极端的字眼来形容极度的痛苦了，这痛苦那么尖锐，又那么迅猛地一再袭来。可怕的号叫，几乎是仅剩的声音了，那几乎不再是人发出的。而真像是从他“狗窝式的生存”中传来的吠叫，刺进人的耳朵。这时，冷不丁——人们惊骇于强烈的对比——从《看哪，这人》中一声坚忍、高傲、顽强的自白，像一束火焰腾空而起，似乎要证明那些呻吟是弥天大谎：“总之。从根本上说，我（在最近的10年中）是健康的。”

究竟哪一个算数呢？是声声呻唤，还是这句顶天立地的宣言？都是真的！尼采的身体各部分本是健康而有抵抗力的，内部的骨架高大宽阔，能够承受最沉重的负担。他的根子深深扎在健康的德意志游牧民族的大地上。总之，从禀赋、机体、肉体与精神的基础来说。尼采确实是强健的。只是相对他丰富的感觉，他的神经过于敏感而总是处在躁动的反抗之中（不过这反抗从不能动摇精神的绝对统治）。尼采曾说，他的病痛是“小规模射击”，以此形容这种危险与安全参半的状态，可谓找到了最精当的字眼。因为在这场战争中，他内在力量的堡垒从不曾真的被冲开缺口：他就像格列佛，疼痛像那群小矮人。他们充其量只是在他周围不断地骚扰罢了。他的神经永远处于戒备状态，时时刻刻警醒、观察着四周的一切动静，准备着艰苦卓绝、耗神费力的自卫。

没有一个病魔征服他（也许只除了一个——它用二十年的时间暗暗挖掘了一条直通到他的精神堡垒之下的暗道，然后猝不及防地引爆了埋藏其中的地雷）：一个伟岸如尼采的灵魂是不会屈服于任何零星火力的，只有一次爆炸才有可能摧毁他花岗岩一般坚强的头颅。于是对峙着的，一边是对抗病魔的坚忍之力，一边是始终活跃着的精细敏感的神经。尼采的每一根神经——不管是肠胃的，还是心脏的、感觉器官的——都像是一只精密无比的气压计，他的指针对哪怕微弱到纤毫的变化，都会痛得剧烈摆动起来。什么都逃不过他肉体的意识（正如逃不过他的思想）。

在别人那里纹丝不动的神经纤维，在他身上便立刻撕扯着报告它感知的信息，这种“过度的敏感”将他天生旺盛的生命力敲成无数尖利、危险、一碰便痛如锥刺的小碎片。因此，只要他稍有举动，或者在生活之路上迈出突兀的一步，触到了这些裸露、颤抖的神经，我们便听到他那撕心裂肺的惨叫。

尼采的神经是如此不可思议地敏感，简直像具有魔力一般，能够对在别人那里转瞬即逝、蒙眬地深藏在意识阈限之下的细微差别做出痛的反应。这种可怕的、魔鬼般的敏感，是他的痛楚唯一的根源，也是他评估价值的天才源泉。他根本不需要有任何实体的、促使他的血液发生生理反应的情绪——单是大自然中每时每刻都在发生着变化的空气就足以引起他无尽的痛苦。可能从未有过一个思想型的人像他一般对空气这么敏感，简直就是气压表的水银柱。他的脉搏与气压之间，他的神经与空气湿度之间，似乎存在着某种神秘的感应。他的神经会通过器官的痛感报告每一米高度差、每个气压差，并且敲击着与躁动的大自然两相吻合的反叛意味的节拍。雨、阴翳的天空都会使他心情沮丧，活力顿减（“阴云密布的天空将我抛入深谷”），甚至连他的内脏都能感到层层乌云的重压，雨水“冲淡力量”，潮湿使他“疲弱不堪”，干燥倒使他充满活力，太阳更是将他拯救，严冬则意味着破伤风和死亡。他神经晴雨表的指针，像变幻莫测的四月天摇摆不定，从不会静止下来，即使是在万里无云的晴空下，即使是在没有一丝风的高原之上。

就像感受大自然中的天气变化，他敏感的器官也同样觉察得出精神世界的天空中任何一点压迫、阴郁或痛快淋漓、疾风骤雨。因为，每当一个想法倏地在脑海中闪亮，它总是霹雳一般抽打在绷得紧紧的神经束上：尼采的思想总是陶醉在狂喜之中，犹如被电流击中，而“每当感情强烈地爆发，整个血液循环瞬间便改变”。毫不夸张地说（在最严格的意义上），在这最有活力的思想家身上，精神和肉体与氛围之间是那样紧密地联系在一起，以至于他觉得自己的内部、外部反应已经合二为一：“我已经不是简单的精神加肉体，而是第三种东西。我作为一个整体去感受痛苦，我的痛苦也是一个整体。”

这种与生俱来的禀赋于是被精心培育成一种区分一切刺激的能力——穿过他生活中那静止窒闷的空气，穿过他长达几十年的隐居生涯。由于在一年365个日日夜夜里与他亲近的唯有他自己的身体，没有妻子也没有朋友，一天的24个小时里除了他自己血管里流动的血液再也没有别人同他交谈，于是他同自己的神经进行着一场无休止的对话，在这一片死寂之中，他像一切隐士、劳心者和独居的鳏夫一样，手里总拿着他的感觉这只罗盘，仔细观察着他身体的每一点细微变化。别人时时会忘掉自己，因为他们的注意力被闲聊、生意、游戏和无所事事等等吸引开去，也因为酒精和冷漠使他们变得迟钝。但一个如尼采这样的人，一个诊断疾病的天才医师，总是禁不住诱惑。心理学家总是拿自己当试验品和供试验用的动物，对审视自身的病症感到无穷的好奇心和乐趣。集医生、病人于一身的他不停地用尖尖的镊子揭开神经，露出痛处，像一切生来神经质的想象力丰富的人一样，令他本就异乎寻常的敏感变本加厉。

不信任医生，他便充当自己的医生，并且终其一生给自己“看病开方”，任何疗法，只要想得出来，他都要尝试——电流按摩，限定饮食，饮水疗法，温泉浴……他时而用溴麻痹神经的兴奋激动，时而又用别的药物来刺激它。他对天气的敏感逼着他不停地寻找一个特别的环境，一个正好适宜他生活的地方，一种“他心灵的气候”。他这一阵儿在卢加诺，因为那儿有海边的空气而没有风，那一阵儿又在普菲佛尔斯和索伦托，过一阵儿又认为拉加茨的温泉能帮助他忘却病痛的身体，或者圣莫里茨的疗养区、巴登·巴登或马里安温泉的水能令他惬意。有一年春天他得待在恩加丁，因为他发现那儿“空气中臭氧成分多”，与他本性相近，然后又得去一个南方城市——空气“干燥”的尼斯，随后是威尼斯或者热那亚。

他一会儿急着赶往森林，一会儿又奔向海边、湖滨，不久又要去轻松愉快的小城市，因为那儿有“清淡可口的美食”。天知道，这惶惶然奔波在旅途中的人沿着铁路线走了几千里——就为了找到这些神奇的地方，让他那灼烧撕扯着的神经、器官再别永远保持清醒。渐渐地他从如此这番折腾的经验中提炼出自己的一套“健康地理学”。为了找那个地方——他像阿拉丁找那只指环一样地寻找着，以期最终能够控制自己，使自己身心安宁。他遍览厚厚的地理学著作，没有哪个地方远得让他打消去那儿的念头：巴塞罗那在他的计划之列，墨西哥高山地带也是同样，去阿根廷、甚至去日本的念头他都转过。地理状况、气候、营养学，这些渐渐成了他的第二专业。每到一处，他记录气温、气压，用雨量计、温度计量出精确到毫米的降水量和湿度。

他在饮食上也是一样夸张，也有一长串名单，一张医学的禁忌规则表：茶必须是某一个牌子，沏的浓度要一定，使他的肠胃能够接受；肉食是危险的；蔬菜必须按一定的方法烹调；渐渐地他在这种没完没了的自我诊治之中染上了一丝一意孤行的色彩。他无时无刻不在紧张地关注着自身的一切，再没有什么比这种活体解剖更能加剧尼采的痛苦。心理大师总是比别人承受更强烈的痛苦，因为他双倍地体验着他的痛苦——一种是在现实之中，还有一种是在反躬内视的时刻。

但尼采是一个善于转变的天才：与擅长躲避危险的歌德相反，他另有对付危险的惊人之举，那就是纵身一跃，迎头揪住危险的犄角。我刚才想说的是，心理学和思想把他驱入痛苦的深渊，但也正是心理学和思想使他恢复健康。他本来已经在长达十年的煎熬之后跌入了“活力的深谷”，让人以为他已经被他的神经撕碎摧垮了，从此将一蹶不振。但就在这样一种精神状态之中，突然亮起一道“克服”的闪电，一种彻悟和自我拯救，这样的情形不只出现过一次，它们使他的精神历程跌宕起伏，扣人心弦。

刹那间，他一把揪住病魔，把它拽到自己身边，压在心上：这是一个神秘莫测的时刻，是闪现在他作品中的灵光。与此同时，尼采为自己“发现”了他的病魔，惊讶地发现自己仍然活着。在极度的消沉之中，创造力不但没有麻木，反而更加敏锐坚强，他于是宣告，这些病痛，这些憾事是他生命中的“事业”，他唯一神圣的事业，他的精神从这一时刻起不再与他的肉体同受煎熬，他头一次以一种全新的眼光看待他的生命，在更深刻的意义上看待疾病。他伸开双臂，心甘情愿地接受它们为他自己的命运中不可或缺的组成部分。对痛苦，他一视同仁地说“是”，因为他是“生命的赞同者”，他热爱自己生命的一切。

查拉图斯特拉纵情地欢呼和歌唱——“再来一次，永远再来一次”。从接受之中产生了认识，而从认识之中又生出感激之情，因为，当他挪开注视自身痛苦的目光，转而高瞻远瞩，他发现（他为“无限”的魔力感到无比喜悦），这世上没有一种力量比病魔与他有更紧密的联系，给予他的更多，他该感谢这个最残忍的执刑人：为了他的自由——肉体和灵魂的自由。

因为他想要停步不前，陷入松弛懒散，迟钝浅薄，故步自封于职务、职业、思维方式中的时候，它总是鞭策他，强迫他活跃起来。他感谢疾病使他逃脱了兵役，重获钻研学问的机会。他也感谢疾病把他赶出古典语文学、赶出马塞尔大学的小圈子，“退休”之后得以进入世界，回到他的自我。衰弱的眼睛使他得以“从书本中解脱”，“这是我为自己做的最大的一桩善事”。他的痛苦，将他从一切想要长在他外面的树皮，从一切束手缚足的罗网中剥离出来（虽然痛楚不堪，但获益匪浅）。他宣布，“病魔松开掌心，将我放了出来”，它是他身内孕育着的那个人的助产士，既赋予他生命，也赋予他生之痛苦。他感激它，因为新的生命、新的眼界取代了一切陈规旧习。“我仿佛重新发现了生命，包括我自己在内”。

使他明察一切的，唯有痛苦；这受尽折磨的人在唱给痛苦的颂歌中为他所受的煎熬欢呼。那些天生像熊一般健壮的人迟钝而知足，他们没有追求也没有疑惑，因此，身强力壮者是不会创造出心理学来的。一切认识都来自痛苦，“痛楚总是盘根寻底，快乐却往往止步不前，也不回顾来路”。人“在病痛中会变得益发敏锐”，那种痛苦，那种始终撕心裂肺的痛苦挖掘着心灵的田野，而正是这痛苦的挖掘、耕耘才翻松了土壤，令精神结出累累硕果。“最深切的痛楚能使精神最终获得自由，它迫使我们深入自己内心的最后角落”，谁在痛苦中迫近死亡边缘，谁才能骄傲地说：“我对生命知之甚多，因为我屡屡险些失去它。”

如此看来，尼采之所以能够战胜痛苦，靠的不是投机取巧，也不是对他的身体状况视而不见，而恰恰是与其针锋相对：这个价值的发现者发现了自身疾病的价值。他是一个反其道而行之的刚烈之士：他并非先怀抱信念而后才能忍受痛苦，而是从痛苦暴虐的酷刑中树立起信念。

但他这门“认识”的化学不仅发现了他的病痛的价值，而且还发现了它的对立面——健康的价值，二者结合给人以完整的生命感受，痛苦与激情之间永恒地剑拔弩张，使人得以射进无穷。二者都是必需的——疾病是手段，健康是目的；疾病是道路，健康是目标。因为，在尼采的心目中，痛苦只是疾病黑暗的此岸，而彼岸则沐浴在难以言状的一片光明之中，它叫作新生，它比达到通常的生存状态更加意味深长，它绝不仅仅是转变——不，它意味得多的多——它是增强、提高、精练。从病魔掌中逃脱，人会变得“更坦白，更敏感，更善于享受快乐，更敏锐地品出一切美好的东西，感官更加活跃”；既有着赤子的天真，又更加精明机敏。这疾病背后的第二种健康不是唾手而得，而是被心灵迫切地渴望出来的，是无数的叹息、呻吟和濒临绝境换取来的，这种“饱经磨难、征战”而来的健康比一向无病无灾的人那种迟钝麻木的惬意更千百倍地生机勃勃，而谁要是一度品尝过这种战栗的快感，这种令人陶醉的狂喜，谁就会焦灼地企盼再度体验它。他乐意一再投身于痛苦那熊熊燃烧的烈火之中，只为了能一再找回那种“恢复健康的令人心醉的感觉”，找回那种辉煌的醉意——它胜过酒精、尼古丁这些普通的兴奋剂千百倍。尼采刚刚发现了痛苦的价值和健康带来的欢乐，他便要将其变成神圣的使命，赋予它世界的意义。

像一切有魔鬼气质的人一样，他顺从了自己的激情，从此，快乐与痛苦之间的碰撞交替激起的火花再不能使他满足；为了向至高、至乐、至纯、至强的新生腾跃，他还要受更深的煎熬；在这渴望的激情之中，他渐渐地把自己追求健康的强烈意志与健康本身混淆了，把自己的高热当成了活力，把跌跌撞撞走向衰弱的步子看作充满力量。健康！健康！自我陶醉之中的人高高地擎起这个字眼，像一面旗帜展在空中：它应该成为世界的意义所在，生活的目标，一切事物的尺度，唯有它是一切价值的标尺；几十年的光阴，他在黑暗中摸索，从一个苦难走向另一个苦难；而现在他唱着生命力的赞歌，醉心于统治一切强力的赞歌，他挥动起权力意志和生命意志的大旗，带着燃烧的色彩，走向坚韧，走向残酷。他意气风发地走在新人类的前面，却浑然不知，那鼓舞着他高擎旗帜的力量也正是

那即将向他射出致命一箭的力量。

原来，使尼采激情洋溢地唱起酒神颂的最后的健康。本是一种自我暗示，是“臆想”出来的。正当他陶醉于自己的力量。举起双手向天空欢呼时，正当他在《看哪，这人》中大书特书他的强壮健康。并起誓从不曾患病、颓废的时候，他的血液里，电光已隐隐闪现，在他心中高唱着凯歌的，已经不是生命，而是逼近的死神。他误以光明、力量的高潮的，恰恰潜伏着疾病那夺命的最后一跃。而今天无论哪个医生都会一眼诊断出他最后时刻那种极好的感觉是回光返照，是典型的崩溃前夕的舒适感。那璀璨光明的幸福已然从另一个世界，从魔幻般的“现时”彼岸迎面而来，在他生命的最后时刻淹没了他，令他在狂喜中战栗。但醉意蒙眬的他，已经不可能知道了。

他只觉得自己沐浴在大地之上一片光辉灿烂的仁慈之中：他的脑子里燃烧起思想炽烈的火焰，言辞如泉涌，音乐盈溢在他的灵魂。他放眼哪里，哪里就向他放射安宁的光芒——街上的人都向他微笑。每一封来信都捎来神的旨意。在幸福的晕眩之中，他在最后的信中向友人彼得·加斯特喊道：“为我唱支新歌吧！世界变得美丽神圣，天空也笑逐颜开。”正是来自神圣天空中的燃烧的光芒，击中了他，顷刻之间，痛苦与幸福烟消云散。这两种感受同时刺入了他坚挺的胸膛，在急剧起伏的太阳穴中，鲜血将生与死合成一支独特的末日预言之曲。

认识的唐·璜

重要的是永远活跃，而不是永远活着。

伊曼纽艾尔·康德对待认识就像对待一个嫁了他的女子，四十年之久与之同床共寝，并在德国创立了一个由哲学体系组成的大家族，其子息一直延续至今。他同真理的关系完全是一夫一妻式的，所有他思想的儿子们，如谢林、费希特、黑格尔、叔本华，也同他如出一辙。促使他们研究哲学的，完全是一种神圣崇高的追求秩序的欲望，是一种德国人特有的、务实的意志，它要求约束思想，构筑井然有序的存在。他们热爱真理，这爱是真诚、持久、忠实的，但这爱中决然没有情欲，没有那种令人备受煎熬以致形容憔悴的欲望：他们心目中的真理，是一位妻子，是一笔牢靠的家产，他们与之联系在一起，直到死神降临的一刻，也不会做出对其不忠之事。因此，在他们与真理的关系之中，总有那么一种庸庸碌碌的东西——确实，他们之中的每一位都给自己盖起了一栋藏着娇妻暖床的房子，那就是他们的体系。他们各自在杂木丛生的原始世界中为人类开辟出这些思想的田野，并勤勤恳恳地耕耘着。他们小心翼翼地拓展着他们认识的疆界，靠辛勤和汗水收获积累着他们的思想果实。

尼采的认识激情却来自一种与他们截然相反的气质，来自感觉世界的对跖点。他对待真理是一种几近中了魔一般的、因激情而战栗的、带着灼热的呼吸的、压迫着神经的、充满着好奇的欲求，它从来得不到满足，也永远不会衰竭。它从不停滞于任何一个结论，在任何一个答案之后都要焦灼地、不羁地继续发问。他从不将任何一个已经获得的认识系于身侧，信誓旦旦地与之结为夫妻，建立他的“体系”、他的“理论”。什么都吸引他，但什么都不能使他止步不前。只要一个问题被窥破了秘密，失去了羞涩的童贞和魅力，他就毫不同情、也毫无妒意地将它留给后来人，再也不为它操心，他的欲求永无餍足，在这一点上他就像唐·璜，那个高超的引诱者找遍了一个又一个女子，尼采也找遍了一个又一个认识，要找到那永远不会现身、永远不能真正触及的认识。吸引他，使他痛苦乃至绝望的，不是征服、进驻、占有，而永远是发问、寻觅、追逐。

他喜爱的是风险，而不是稳定——这是《圣经》意义上的认识，男人“认识”了女人，同时使她不再保有秘密。作为一个价值相对主义者，他知道，所有这些急切地攫取财产一般的认识行为都不是真正的“终极认识”，终极真理是不容占有的，因为，“自以为掌握了真理的人会阻碍多少事情的进行啊！”因此，尼采从不像管家似的量入为出地过日子，也不为自己的思想建屋立厦——永远身无长物——这是他的意志，或者不如说，出于他天性中那股逼迫他浪迹天涯的力量，他只能这样，头上没有屋顶，身畔没有妻儿、使役，但却有追逐猎物的热情、快乐作补偿；像唐·璜一样，他不喜欢感觉的持久，而醉心于那“令人欣喜若狂的伟大瞬间”，吸引他的唯有思想的历险，那“危险的‘也许’，只要你仍在穷追不舍，它就总使你激动，令你奋进；而即使你抓住它，它也不会使你满足——他不要战利品，而是（正像他自称‘认识的唐·璜’一样）只要不断追求认识、又不断被认识要弄而感到的兴奋、刺激和欲罢不能的快乐——直到接近认识那浩瀚的星空——最后除了那只令人痛苦的认识，再没有什么可以追求的，就像那位饮鸩而亡的智者”。

尼采精神中的唐·璜，不是一个伊壁鸠鲁派，不是耽于享乐的人，为此所需的那种吃饱喝足、懒洋洋的惬意的消化过程是高贵而神经敏感的他所不具备的；他不会吹嘘他的胜利，也从不曾心满意足。一个追逐女性的猎手，就像思想领域中的宁录——也始终被一种抑制不住的冲动所诱惑，蛊惑女性的人，自己也被蛊惑着去揭开女性童贞和秘密。尼采就是这样为了问而问着，那是他心中不可遏制的欲望。对唐·璜来说，秘密在所有的女人身上，但没有一个女人身上有秘密，因为他使她们一夜之间失去秘密，永不复问——完全像对那位心理学家一样，在所有的问题上每个女人只有一夜的秘密，而没有永远的秘密；真理只是瞬间的，而没有一个真理是永

恒的。

因此，尼采的精神生活根本没有安宁的一刻，没有镜子一般平静的表面：它是湍急的，游移的，充满突如其来的转折点和激流。在其他德国哲学家那里，生命像一首娓娓道来的叙事诗那样从容不迫，他们的哲学，就像是一件拆开、理清线团之后安安逸逸地编织下去的毛线活。他们推究哲理，就仿佛一旦坐定便懒得挪窝一般，摊开了手脚。他们在思维过程中，几乎从没有血压升高的迹象，也缺乏搏击命运的热情。在康德那里，从来没有过一种一旦停止思想就会痛苦万状的精神：叔本华自从三十多岁完成了对“作为意志和表象的世界”的认识，就过起了一种赋闲的生活，时不时发出一个原地踏步者的不满的抱怨。他们都迈着谨慎、牢靠的步伐走在他们自己选定的道路上，而尼采却始终像是被追赶着一般，一再地走上他自己也不认识的道路。因此，尼采的认识历程（像唐·璜的那些奇遇一样）充满了戏剧性，是一连串既惊且险的插曲，是一出马不停蹄一般高潮迭起的悲剧，在不歇的战栗的急切之中升至顶点，最终不可避免地跌进无底的深渊，摔得粉身碎骨。

正是这种永无止息的探求，绝不能终止的思考，这般逼人前行的魔力将这个独一无二的生命造就成一出闻所未闻的悲剧，一部引人入胜的（因为它绝无平淡无奇的市民气）的艺术作品。尼采被“诅咒”了，他注定一生要不停地思索，就像那个童话中注定要不停地追逐猎物的猎人。他的乐趣，成了折磨他的痛苦、烦恼，他像被追逐的猎物，总有着滚烫的呼吸，激越的脉搏；他的灵魂，是一个不知何为休息，何为满足的人的灵魂，渴望着，煎熬着。“你刚刚开始喜欢上一样东西，还不等你倾心相许，你心中那个暴君就发话了（我们甚至不妨称他为那个更高的自我）：‘我要的正是这个，把它给我。’而我们偏就给了，但这是一种虐待，是烈火焚身。”

像中箭而逃的野兽凄厉的吼声，尼采，这个欲罢不能地走在认识之路上的人喊道：“对我而言到处都有Armiden的花园，因此我的心总要挣脱，总品尝着新的苦难。我只能抬起我疲惫受伤的脚上路而别无选择，只能回头向那无比美丽却无法将我挽留的东西投去幽怨的一瞥——因为它不能把我留住！”

这发自肺腑的呐喊，这从痛苦的深渊中传来的动人心魄的呻吟。在尼采之前德国号称哲学的领域里，是绝对听不到的：在中世纪的神秘主义者那里或许能听到，在异教徒和哥特教堂中的圣徒那里。偶尔也通过神秘模糊的只言片语迸发出类似的饱含痛苦的激情。帕斯卡——他的灵魂在怀疑的炼狱之中接受洗礼——也拥有一颗上下求索的灵魂，经历了激情和毁灭。但在莱布尼茨、康德、黑格尔、叔本华那里，我们从不曾被那样一种激情的声音打动。因为，不管这科学巨人有多么正直，多么勇敢坚毅地为整体殚精竭虑，他们毕竟没有把他们整个的人——灵魂、五脏六腑、肉体——同他们的命运一起投入到追求知识的壮举之中。像蜡烛只燃烧顶部一样，他们只消耗大脑的精力，他们生活中的另外一部分——世俗的、私人的、与他们切身相关的那部分——则始终无风无险，四平八稳，而尼采则总是拿自己的全部身心去冒险，他不仅是用他的

“思想那冷静而好奇的触角”，而且是以他全部命运的冲击力量置身于危险之中。

他的思想不单来自于大脑，同样也从他沸腾的血液、颤动的神经、不知满足的感官——从全部在握的生命感中爆发出来：因此，像帕斯卡一样，他的认识凝聚为“一部充满激情的心灵史”，是一连串出生入死的历险，是一出惊心动魄的人生戏剧（而其他那些哲学家传记则只无限夸大他们的精神生活）。然而，即使是在最深重的苦难之中，他也不愿用他“险象环生的生活”去换取他们井井有条的生活，因为，其他人在认识过程中寻过的灵魂的安宁，抵御感情泛滥的护墙，这正是被尼采认为是对生命力的扼杀而深恶痛绝的。这个悲剧英雄要的不是“但求温饱的可怜追求”，不是与日俱增的稳定感，不是防范经历的胸墙。

一个人怎么可能置身于存在的变幻莫测和丰富内涵而不发问。不因发问的渴望和快乐而战栗！——他这样高傲地讥讽那些动辄知足的平庸之辈。让他们尽管冻结僵化，把自己裹在他们体系的贝壳里吧。他可是只倾心于那充满惊涛骇浪的冒险生涯，无尽的惊喜和失望。让他们继续在他们体系温暖的窠臼里妥善经营他们的哲学，兢兢业业地发家致富吧，他向往的却是那以生命为赌注的一搏。这个热衷历险的人甚至连自己的生命也不吝惜，他要得更多：“重要的是永远生气勃勃，而不是长生不死。”

随着尼采的出现，德国认识领域的大海上第一次飘起了黑色的海盗旗：他来自另一个血统，是另外一个人，哲学不再站在科学的讲坛上，而是如斗士一般佩戴盔甲。他之前也有些无畏的航海者，发现了大陆和国家，但在某种程度上是怀着一种文明开化和获取利益的意图，是为了人类而去获得它，是去完善思想世界的地图。他们在征服之地插上旗子，建城立庙，铺设通向新的未知的道路，总督、执政官接踵而至，坐享其成——这就是那些评注家、教授、有教养的文明人。但他们的辛劳的最终目的总是安宁、平和、保障：他们要扩充规范、法则，建立更高的秩序。而尼采闯入德国哲学领域，就像16世纪末拉丁美洲沿岸的那些狂野不羁之徒，一群走投无路的海盗，不隶属于哪个国家，也不臣服于哪个国王，无家可归。像他们一样，他从不为自己或后来的什么人去征服什么，既不为神明，也不为国王或信仰，而就是为了征服的快乐，因为他不想夺得、占有任何东西。这个激情洋溢地扰乱一切黯淡、平和安逸的人就是喜欢搅乱人们怡然自得的安宁，用火、用惊骇散播清醒。清醒于他，就像酣睡对好静的人那样珍贵。

他所到之处——就像那些海盗身后——留下的是遭劫的教堂，被亵渎的古老的圣物，坍塌的祭坛，被羞辱的多愁善感、奄奄一息的信念，被冲破的道德栅栏，燃烧的地平线，预言勇气和力量的烽火。他从不回头，对所得的一切，既不沾沾自喜，也不想据为己有；未知的一切才是他驰骋的广阔天地；释放他的能量，“惊扰昏昏欲睡的众人”，这是他唯一的乐趣。不属于某种信仰，也不效忠于任何一个国家，这个反道德主义者时刻准备着为新的凶险航程在断桅上扯起黑旗，他觉得有一股魔力将他与前方神圣的未知、未定

联系在一起。孤身赴险的他自豪地唱起他的海盗之歌——他的火焰之歌、命运之歌：

> 是的，我知道我来自何方，
> 永不满足，像火焰一样，
> 我燃烧着自己，我发光，
> 我攫住的一切都变得明亮，
> 我抛弃的一切已化作灰烬，
> 而我自己，一定就是那火焰——

诚实的激情

你只有一个戒条：纯洁。

《新受难曲或正直的激情》——这是尼采早年计划撰写的一本书的题目。最终他并没有写出这部书，但他做得更多——他“活”出了这本书。因为，那几乎达到自我折磨地步的热烈地追求正直、诚实的激情，这是孕育了尼采成长、转变的胚胎。

诚实、正直、纯洁——这似乎有些令人惊讶：在“反道德主义者”尼采这里，我们居然发现，那激励他的最初的推动力不是别的，恰恰是市民们引以为豪的美德——诚实、正直，直到踏进冰冷的坟墓。地地道道的“穷人美德”，绝对中庸的传统的感情。然而对于感情来说，决定一切的是它的强度，它的内容则什么也说明不了；有过那么一些天性中具有魔鬼般力量的人物，他们令那些早已变得平和的、温吞吞的概念再次紧张、活跃起来；凡被魔力攫住的，总是会重新回到混沌状态，重新灌注了不羁的力量。

因此，一个尼采所具有的诚实品格与被那些循规蹈矩之人弱化成“正确”的正直毫无相同之处——他对真理的热爱简直就是一个追逐真理和明晰的魔鬼，是一只狂野的、钟情于追捕猎物的猛兽，有着无比灵敏的嗅觉本能和极其强暴的劫掠欲望。尼采式的正直与小商贩那家禽般驯服、节制的谨小慎微的本能毫无共同之处，也完全不同于某些思想家那种米夏埃尔·科尔哈斯式的正直——公牛一般暴躁，蒙着眼罩，只顾冲着他们自己认定的那种真理一头撞去。而尼采追求真理的激情不管爆发得如何强烈，却始终太过敏感、太有修养了，根本不可能陷入头脑狭隘、目光短浅之中；这激情从不会作茧自缚，原地打转，而是如跃动的火焰，从一个问题燃烧向另一个问题，舔舐它们，洞彻它们，但永远不会餍足。在尼采身上，激情永远不会消失，同样永不中止的是诚实——二者完美地结为一体。也许从不曾有人像他这样，既是一个伟大的心理学天才，同时又具有如此坚强不渝的高尚品格。

因此，尼采注定要成为一个头脑无比清醒的思想者：谁把心理学作为一种激情来理解和从事，他的全副身心就会以那种对尽善尽美的欲求去感受。诚实、真实——我权且称其为市民的美德——一向被务实地体验为精神生活必需的催化剂，但在他那里却是音乐一般的享受。

在这里，明晰具有了魔力。这个艰难地摸索着前行的半盲人，这个在黑暗中夜枭一般生活的人，在心理学的领域中却有着鹰隼一般锐利的目光，能在刹那间以无比的精确无误，从他无垠的思想天际中射向地上哪怕最微小的一丝颤动和转瞬即逝的细节；在这个举世无双的认识者、心理大师面前，任何隐瞒、遮掩都无济于事：他的射线一般的目光能穿透衣衫、肌肤、骨肉、毛发，射进每一个问题的内核。

而且，正像他精确测量仪一般的神经能够对大气压的每一点变化做出反应，他同样敏锐的头脑也以同样准确的反应记录下道德世界中的每点细微变化。尼采的心理学，根本不产生于他钻石般坚硬纯净的头脑，而永远出自他整个身心对价值的极度敏感，他绝对尝得出、嗅得出——“我的天才在我的鼻孔里”——人类的、精神的事物中一切不完全纯洁和清新的东西：“我具有一种极易受刺激的、爱干净的本能，它使我能够从心理上察觉到、闻得出每个人的内心深处、五脏六腑。”

他准确地嗅出，哪里掺杂着伪善，教堂的袅袅香烟，艺术的谎言，关于祖国的空话，以及任何良知的麻醉剂。他的嗅觉器官对一切腐烂败坏、病病恹恹、精神贫瘠都格外敏感，因此明晰、纯洁、干净之于他的头脑，正如纯净清新的空气之于他的身体——我在前面也描述过——都是不可或缺的生存条件。

这确实是他自己期望的那种心理学，是“对身体的阐释”，是把神经的特性延伸到大脑。和他能预见未来的善感相比，别的心理学家无论如何都显得迟钝笨拙，即使是差不多同样善感的司汤达也不能与他相提并论，因为司汤达缺少激情的重音，强烈地爆发；他只是悠闲地记下他的思索，尼采却是用他全部身心的力量扑向一点一滴的认识。就像猛禽从高空俯冲向一只小动物。唯有陀思妥耶夫斯基有着差不多同样明察秋毫的神经（也是出于过度的紧张和病魔煎熬之下的善感）；但陀思妥耶夫斯基在真实性上又不及尼采，他有时不够公正，有在认识之中夸张的倾向。而尼采，即使是在狂热的激情之中也不会去丢弃他一丝一毫的正直。所以大概没有人像他这样天生就该是个心理大师，没有一个头脑像他的一样天生是一支心灵气象的精密气压计，价值研究中从不曾使用过如此精密如此细微的仪器。

然而，心理学要达到尽善尽美，仅有精心选择出来的最精巧、最锋利的解剖刀是不够的——心理学家的手也必须像钢一样，既柔韧又坚强，在手术过程中，它不可以颤抖，不可以畏缩，因为心理学仅靠天赋是不得穷尽的，它首先是个性格坚强与否的问题，是否敢于“思考一切所见”的勇气的问题。最理想的情况是像尼采那样具有认识的能力，它与充满那种原始的男性力量的认识意志结合在一起。真正的心理学家，必须在具有认识能力时，也有认识的意愿，他不可以出于感情用事的考虑和暗自的胆怯畏惧将目光移向别处，敷衍了事，也不可以由于瞻前顾后、多愁善感而麻痹大意。在“以保持清醒为己任”的思想者那里，容不得任何妥协和解、大发善心、胆怯、同情以及平庸市民的特点（或者说美德）。

精神的斗士和征服者不能在他探索的险途中，好心地放过任何一个已经触及的真理。在认识的问题上，“盲目不是谬误，而是胆怯”，善心则是犯罪，因为谁要是对羞辱和伤害有所顾忌。害怕听到被揭露者的惊呼，看到赤裸裸的丑陋，他就永远不能揭开最后的秘密。任何没有穷原竟委到极至的真理，真实都不具有任何伦理价值。

由此我们可以理解，为什么尼采对于一切出于头脑懒散和怯懦而辱没果决的神圣使命的行为是那么严厉，为什么他对康德把上帝的概念偷偷地从后门放进他的体系是那么愤慨，为什么他痛恨哲学研究中一切睁一只眼闭一只眼的行径，痛恨“暧昧的魔鬼”——它胆小如鼠。要把终极的认识遮掩抹杀。没有哪一个恢宏的真理是甜言蜜语哄骗出来的，也没有哪一个奥秘是假惺惺的推心置腹引诱出来的：只有施以强力，不留情面，自然才会现出它最宝贵的财富，唯有通过粗暴，“无尽诉求之可怕与高贵”才得以在“崇高的”道德中凸显。隐匿着有待发现的一切都要求强硬的手段，绝不妥协的精神。没有诚实就没有认识，没有果敢就没有诚实和“认真精神”。“当我不再诚实，我就成了瞎子；在我意欲知道的时候，我也一定要诚实——也就是冷酷、严厉、刻薄、残忍、不讲情面。”

作为心理学家的尼采所具有的这种极端、强硬、严厉，并非像他鹰隼般锐利的目光一样，是命运的馈赠；这是他以生活为代价换取来的，他牺牲了他的安宁、睡眠和舒适。尼采原本有着温柔、友善、随和、开朗的天性，他的意志却以斯巴达式的残暴毫不通融、刻不容情地抗拒他的感情：他半生的时间都在经受着火的洗礼。

只有经过一番深入的了解，你才能对这一饱含着痛楚的历程有所感受、领会。因为不仅是他生性中的“弱点”，温柔、好心，他还一并剪除了将他与人们联系在一起的一切有关人性的东西；他扼杀了自己与其他人之间的一切友情、联系、交往，而他生活的最后一隅也渐渐地炙热、燃烧起来，谁想凑上前去摸一摸，就会灼伤自己的手。就像为了保持伤口的清洁而用硝酸银棒去烧灼它，尼采也残酷地灼蚀着自己的感觉，令它保持纯洁诚实；他无情地苛求自己——用烧红的烙铁，那是追求终极的真实的意志：因此即使是他的孤独也来自他对自己的逼迫。但是作为一个极端狂热的人，他会背弃他热爱的一切，甚至是理查德·瓦格纳——两人的友谊曾被他视作最神圣的结合；他害得自己穷愁潦倒，离群索居，遭人记恨，不幸，一切只是为了保持真实，为了圆满地执行诚实的使命。

像着了魔一样，激情——在他是诚实的激情——渐渐成了偏执狂，它的烈焰吞噬了他生命中的全部所有。不要提出诸如尼采到底在搞些什么名堂，或者他试图建立什么体系，追求什么世界观这类学究气的问题吧。尼采一无所求，在他身上，凌驾一切之上的追求真理的激情自得其乐，它对“为了某某目的”不感兴趣——尼采思考，并非为了改善或者教化这个世界，也不是为了给世界或自己以慰藉——但醉心于其中的思考，以自身为目的，因自身而快乐，像一切具有魔力的激情，纯然是属于他个人的、自私自利的、原始而强烈的狂喜。

在他尽情挥霍他充沛的精力时，从来牵扯不上什么“学说”——他早已超越了“教条主义那可贵的幼稚笨拙”，至于宗教就更谈不上了（“在我身上绝没有丝毫宗教缔造者的影子，宗教是群氓的勾当。”）。尼采从事哲学，就好像它是一门艺术，而他作为真正的艺术家，寻求的不是冷冰冰的、不可更改的结论，而是一种风格，“道德的伟大风格”，而作为艺术家，他全身心地体味着、享受着灵感袭来时那醍醐灌顶的战栗。

也许，称尼采为“哲学家”，即“智慧之友”，真有些词不达意，因为激情洋溢的他总是不够明智；通常的哲学家追求的是感情的蒙胧幽昧，休憩松弛，安宁平和，一种心满意足，别无所求的“褐色”智慧——是一种一旦达到，从此故步自封的信念——再没有比这更与尼采格格不入的了。他“需要并消耗”信念，得到的旋即丢掉，因此称他为“真理之友”也许更恰当，一个真理的钟情者。真理就像那贞洁而残忍的阿尔忒弥斯，害得那些追求者在她身后穷追不舍，但即使撕碎了她的层层面纱，也依然捕捉不到她的身影。尼采心目中的真理，不是凝固、结晶的真理形式，而是真实。保持真实的火热的意志，是最高意义上的生命的丰盈：尼采从不想要幸福快乐，而只要真诚。他不去寻求安宁的休憩（哲学家十有八九是这样），而俯首听命于魔鬼，去寻求一切兴奋活跃的最高境界。然而，为了那不可企及之物而进行的搏击固然充满英雄气概，但却导向了一个不可避免的终极结果——毁灭。

因为，像尼采这样过于激动、紧张、毫不容情地危险地要求真实、诚实，是绝不可能避免陷入与世界之间造成谋杀乃至自杀式的激烈冲突的。说到底，一切生命的存在离不开和解、顺从（歌德及早地认识到了这一点，他明智地在自己身上模仿重构着自然的本性）。为了保持自身的平衡，像一般人那样妥协、让步、同流合污是必要的。谁若是偏要倒行逆施，要自己像神一样，不肯在这个世上随波逐流，像世人一样肤浅、妥协、顺从，谁若是想奋力挣脱那张千年织就的习俗、传统、人际联系的大网，谁就身不由己地成为社会、自然的死敌。一个势单力孤的人越是无情地要求“绝对的纯洁”，就越是成为时代的众矢之的。不管他是像荷尔德林那样，坚持要把更接近于散文的生命活出诗意，还是像尼采那样要把尘世间纠缠不休的千头万绪“思考清楚”——如此不明智然而颇有英雄气概的要求都会激怒习俗、常理，将独辟蹊径的人驱入绝难沟通的与世隔绝之中。

被尼采称为“悲剧精神”的——使任何一种感情都毅然走向极端。超出精神的界限，进入命运——终于制造了悲剧。每个想逼迫生活显出唯一的法则，想在一片欲求造就的纷繁中独独使他自己那一个获得满足的人，他将变得孤独，并且就这样一直走向毁灭——如果他毫无自知地行动，他就是个疯子；如果他明知危险却偏要向它挑战。他就是个英雄。不管对诚实的追求有多么执着，尼采都保持着清醒。他清楚自己身处什么样的险境，从最初的一刻，从他开始执笔写作，他就知道，他的思索围绕着一个险恶不祥的中心运行，他过的是一种危险的生活——但他不愧是一个精神的悲剧英雄——他热爱生命。正是因为他自己的生命面临着被毁灭的威胁。

“把你们的房子建在维苏威火山的边上，”他向哲学家们疾呼，想促使他们更清醒地意识到他们的命运，因为“一个人在自己的生活中所能独自对付的危险的大小”，就是唯一能衡量他的价值的尺度。为了得到全部而把全部拥有投入到那场赌博中去，唯有这样的人才能赢得无限——因为他以自己的生命为赌注，他凡夫俗子的外壳便被赋予了无限的价值。

让我们的生命作为代价被交付出去吧，只要真理得以实现。激情重于存在，生命的意义更重于生命本身。这种思想在他的巨大力量之下伸展，甚至不再局限于他个人的命运。

“我们都宁愿目睹人类的毁灭也不愿目睹认识的毁灭。”他的命运中越是充满危险，在越来越高远的精神天宇中他越是感到靠近闪电，他对那最后的斗争的渴望就越是充满着挑衅的快乐。

“我清楚我的命运。”他在毁灭即将来临之际曾说过，“总有一天，我的名字将使人想起一些非凡的东西：史无前例的转折，最深刻的良知的冲突，以及一个义无反顾的抉择——反对迄今为人笃信并被神化了的一切。”但尼采挚爱这一切知识的深渊，他以他的全部身心迎着那致命的抉择而去。

“人能够承受多少真理？”这个问题贯穿着这个无畏的思想者的一生——但为了彻底探究认识能力所能达到的程度，他必须迈出安全区域，到达一个高度，在那里，人无法再能忍受；在那里，最后的认识将置人于死地；在那里人是那么贴近光芒以至头昏目眩。而正是这最后的向上迈进的步伐是他命运悲剧之中最动人心魄，使人难以忘怀的一幕：当他自知自觉并且心甘情愿地从他生命的巅峰投身毁灭的深渊时，他的精神世界从没有如此明亮，他的心灵从不曾如此激越，他的话语有了更多的欢呼和音乐。

回归自我

没有能力蜕皮的蛇必将毁灭，思想者也是如此，

假如他们受到阻碍以至不能互通见解，他们将不再是思想者。

循规蹈矩的人们，不管他们对那些个性独特的人感觉多么迟钝，可对与他们作对的一切却有着不受蒙蔽的直觉。早在尼采表现出他是个反道德主义者和烧毁他们道德栅栏的纵火者之前，他们就树他为敌了。他们的嗅觉对他的了解更甚于他自己。作为始终游离于各个领域边缘的人，一个集哲学家、语文学家、革命者、艺术家、文学家、音乐家于一身的人，他令他们觉得不自在——从最初的一刻起，他在那些专业人士眼里就是个可恶的越界者。他早期的语文学著作几乎还没有发表，另一个语文学者维拉莫维茨（他做了足有半个世纪之久的语文学者，而他的对手则成为人类不朽的丰碑），就开始在同行面前公然谴责这个越界者了；瓦格纳的追随者们也怀疑（而且怀疑得多有道理！）这个热情洋溢地赞美瓦格纳的人；哲学家们怀疑的则是一个认识者——尚未脱胎为一个真正的语文学家，也没开始阔步前进的时候，尼采就已经有了一群专业有成的反对者。只有那位天才，洞察人之转变的智者理查德·瓦格纳喜爱这个成长中的他日后的敌人。

可其他那些人呢——从他甩开大步前进的纵横恣肆之中，他们立即嗅出，他是靠不住的，他不会忠实于一种信念——这狂放不羁的人信奉一种无拘无束的自由，他反抗一切，连自己也不例外。甚至在他的威望吓倒那些专家学者们之后，他们仍然指望重新把这个被放逐的人圈起来，圈进某个体系、某种学说、某种宗教、某种启示。他们巴不得看到他像他们自己一样僵硬：拴在某些信念上，圈在某种世界观里——这些正是他最怕的，他们想强迫这个不设防的人变得安分随和，想把这个热爱漂泊的人（他征服了无穷的精神世界）幽禁在一所房子里——而他从不这样，未曾有过，也不想有。

但尼采可不是某种学说拴得住的，他也不容许自己被钉牢在一种信念上。我这本书从头至尾绝不曾有过搞小学教师那套玩意儿的企图，要从这一出感人至深的精神悲剧之中附会出某种冷冰冰的“认识论”——因为这位激进的价值相对主义者从不曾长久地维系由他嘴里说出的任何一句话、他良知的信念，或者某种心灵的激情，乃至将其奉为责任义务：“哲学家需要并且要消耗信念”——他这样高傲地回答那些津津乐道于自己的性格和信仰的懒惰之辈。

他的每一个观点都仅被他看作是一个过程，甚至他的自我，他的肌肤，他的身体，他的思想成果，都被他看作多数，看作是“很多个灵魂构成的集合”。下面这句无比大胆的话是他的原话：“对一个思想家来说，如果仅局限于一种人格，那将是一种缺陷。如果你找到了自己，你就得尝试着时不时地失掉自己，随后再找回自己”。他的风格就是不停顿地转变，在丧失自我之后再认识自我，始终成长着而从不会僵滞静止下来。因此，“成为你将要成为的那个人！”是贯穿在他所有作品中，对生命下的唯一指令。

不错，歌德也说过类似的戏谑之辞：当人们在魏玛找他时，他总是在耶拿；而尼采喜用的“蛇蜕”这个意象一百年以前就出现在歌德写的一封书信里。然而歌德审慎的发展历程和尼采火山爆发一般的转变之间，形成了多大的反差啊！歌德拓展他的生活，总是围绕一个固定的中心，就像一株树围着一个看不见的轴年复一年一圈一圈增加着年轮，它撑破了最外层的树皮，长得越来越坚韧、魁伟、繁茂。他的发展来自耐心和坚韧不拔，蓄积的力量以及不管怎么成长都始终保持的自我保护的抵抗力。尼采的成长却是借助暴力和意志猛烈的撞击力。歌德扩展自己时不牺牲任何一部分自我，他提高自己而从来无需否定自己。尼采这善变的人却正相反，他总是彻底摧毁自己，而后才能完整地重建自己。每获得一个新的自我、每一个新的发现都是他近乎残忍地侵蚀自己、丧失信念、分解自己的结果——为了站得更高，他总得抛弃一部分自我在他变化多端的世界图景之中，没有什么早先的东西留存下来与后来者和平相处：因此连他本人的各个发展时期也不是彼此兄弟手足一般相像并且和平共处的，而是彼此敌对。

他永远走在去大马士革的路上。他的思想、感情并非只转变一次，而是无数次，因为每一个思想元素不仅深入他的头脑而且也侵入他的五脏六腑：伦理、精神的认识在他体内发生了化学变化，变成全新的血液循环和思维感觉方式。像一个孤注一掷的赌徒，尼采（正像荷尔德林曾对自己提出的要求）让他的整个心灵去经受现实那摧枯拉朽的力量，从一开始，经验、印象就如火山爆发一般降临并冲击着他。当作为莱比锡一名年轻学子的他阅读叔本华《作为意志和表象的世界》时，有十天之久他难以入眠，整个人被一股旋风裹挟翻转着，支撑着他的信念轰然坍塌了；当迷乱困惑的思想逐渐从晕眩之中清醒过来，他打量世界的眼光彻底改变了，他发现了全新的人生观念。与理查德·瓦格纳的相遇也同样像一场洋溢着激情的恋爱，无限拉伸了他的情感张力。从特里布申回到巴塞尔后，他的生命获得了新的意义：旦夕之间，他身上的那个语文学者死去了，目光从过去、从历史转向未来。正因为这种炽烈的精神之爱浸透了整个心灵，日后同瓦格纳的决裂就如同撕开一道几乎致命的创伤，再也不会愈合、结疤。就像地震爆发，思想的每一次震撼都使他整个信仰的大厦顷刻间夷为平地，他总得从头塑造自己。他心灵的任何一点都不会自然缓慢、悄无声息地成长，他内在本性的拓展、延伸从不会神不知鬼不觉地进行：一切——连他自己的思想都包括在内——都如“霹雳”一般击碎他的世界，这个世界必先毁灭，一个新的宇宙才会诞生。尼采思想的这种瓦斯爆炸般的力量独一无二，他曾写道：“感情的扩张产生如此可怕的后果，以致我真想从中摆脱；我时常想：我会因此而猝然死去的。”确实，每当他的思想获得新生，总有些什么随之死去，他的体内总有什么被撕裂，仿佛有一把钢刀游刃其间，斩断与过去的一切联系。大概从不曾有过一个人在成长历程中如此饱经磨难，为超越自己而付出血的代价。因此，他所有的书其实都不外乎是这些手术的临床记录，记载的是他活体解剖自我的方法，就像是一种自由精神的助产理论。“我的书讲述的都是我的克服。”——它们是他的转变史，是他的摇篮和妊娠期，是他的死亡和再生，是他向自我无情发动的战争，是他对自己的宣判和处罚，总之，是精神生活的二十载春秋中一个个尼采的传记。

尼采这些持续的转变之中无可比拟的独特之处是：他的生活道路在某种意义上呈现出一种倒行逆施的运动。让我们以歌德为例，他的天性是一个有机整体，与世界的进程神秘地保持着和谐。我们发现，他成长中的各个形式象征性地对应着他的年龄。青年歌德激情似火，中年歌德深思熟虑，老年歌德睿智明达：他思想的韵律与他生命中血液的热度有着不可分割的联系。他的骚动是在最初（像所有的年轻人），他的秩序最后出现（老人总是这样），他变得保守，是在他一度激进之后，感情丰富过后科学严谨，对自己的生命先是挥霍后是呵护。尼采却走了一条正相反的路：如果说前者追求的是本性中越来越丰富的关联，他则日益急切地分解着自己；像所有受魔力驱使的人一样，随着岁月的流逝，他变得越来越急躁易怒，越来越不宽容，越来越狂热、革命，越来越躁动不安。

单是他表面的生活状况就已显示出他的反其道而行之的发展历程。尼采是以一副长者的姿态起步的。当他的大学同学还在搞恶作剧、狂饮啤酒或者在大街上鱼贯而过之时，24岁的尼采已经是个职位优越的教授了——著名的巴塞尔大学里名副其实的语文学教授。他当时真正的朋友都是些五六十岁、年事已高的大学者，像雅各布·布尔克哈尔特、里奇尔，还有他的知己时代最伟大的头号艺术家理查德·瓦格纳。他拼命按捺着他那诗人的力量和内心音乐的涌动，他像个迂腐的宫廷顾问一般躬身伏在那些希腊文手稿之上编制索引，乐此不疲地修订尘封的学说汇纂。刚刚起步的尼采，完全将目光投向“历史”，投向一度存在然而业已死去的东西。他生活中的快乐显得老气横秋，兴高采烈也好，狂妄自负也好，都带着教授的尊严，他注重的焦点只限于书本和学问。

27岁，他的《悲剧的诞生》开凿了一条通往现时的秘径。不过作者在他的思想面前还戴着古典语文学严肃的面具，只隐隐地有未来的微光在闪烁，那是他对于现时的热爱和艺术激情的火花首次迸发。30岁左右，对寻常人来说已是而立之年，歌德在这个岁数已身居枢密顾问，康德和席勒已成为大学教授，尼采这时却抛却了腾达之途，如释重负地离开了古典文学的讲台。他第一次总结自我，脱身进入属于他自己的世界，这是他的第一次深刻转折，而这一终结恰恰意味着一个艺术家的诞生。

他砸开现时的大门，随之现出了真实的面目——一个不合时宜的悲剧人物，他的目光投向未来，热切渴望着新人类的降生。这其间充斥着电闪雷鸣般的一次次转变和内在本质的彻底颠覆，疾风骤雨一般由古典语文学转向音乐，由严肃持重转而心醉神迷，由立足具体事实转向超然物外的舞蹈。

36岁，尼采成了被放逐的人，反道德主义者、怀疑主义者、诗人、音乐家，比青年时期“更具有青春活力”，脱离了一切历史和自己的研究，甚至也脱离了眼前，纯然成了彼岸未来人类的同伴。一般艺术家随着年岁的增长，逐渐安身立命，日益稳健持重，目标日益明确，尼采的生活却随着时光的流逝日益甩开一切束缚和羁绊。这一重焕青春的速度无与伦比。40岁，尼采的语言、思想、性格之中比他1 7岁时有着更多新鲜的血液、清新的色彩、大胆、激情和音乐，比起往日那个24岁、少年老成的教授，这个西尔思·马利亚的孤魂手中的笔迈着更为轻捷、欢乐、舞意翩跹的步伐。因此在尼采这里，生命感不是逐渐平息淡薄，而是日益加强：他的转变愈来愈迅疾、自由、飞扬；愈来愈丰富、强劲、暴烈；也愈来愈愤世嫉俗。他为他疾行的精神再找不到一个“落脚点”。在他身上，几乎不等一处长牢长好，“皮肤就起皱、胀裂了”。终于，他的生活再也跟不上他自我蜕变的速度了——那速度渐渐加快，如同放电影一般，画面不停地颤抖着、闪烁着，伴随着嗡嗡的鸣响。他早年的朋友几乎个个都已固守在他们各自的学科领域、观点、体系中，就是这些自以为最了解他的人，每见他一面，便吃惊地发现，他愈发变得陌生了。他们惊骇地看到，他精神的面孔日益焕发着青春，那崭新的线条毫无旧日气息；而他自己，这个始终处在转变中的人，简直觉得毛骨悚然——当他听到他从前的头衔，当别人把他与“巴塞尔大学的弗里德里希·尼采教授”、那个语文学家“搞混”——要回忆起那个他二十年前一度做过的“睿智长者”是多么困难啊！也许从没有人像尼采这样在生活的道路上毫不留情地随时抛弃自己身上一切旧的残余、感伤。也正因为如此，他的晚年是那样可怕的孤寂。因为他割断了同往昔的一切牵连，而为了与新生的一切相连，在最后那些年里，他的转变实在太过激烈。他呼啸着掠过所有的人和事物，而越是接近自己——或者看起来是这样——他就越是迫不及待地渴望摆脱自己。他的内心越来越割裂，他从“不”向“是”的跨越，他内心那条“电路”的切换也越来越生硬突兀。他不断地燃烧、消耗着自己，他的生命之路就是一簇火焰。

但是，在他的转变不断加速的同时，其强度和由此造成的痛楚也以同样的程度增长着。尼采最初的“克服”仅仅是蜕去少年意气的忠诚信仰和学校里学来的权威观念：像干枯脱落的蛇蜕，它们被他轻而易举地抛在身后。

越是在更深刻的意义上成为一位古典语文学家，他就越是需要向他更深层的核心处开刀。由越多的自身原生质形成的信念越是皮下的、穿透神经的、渗透血液的，就越是需要自残的暴力，果敢，要不怕流血——这成了一种“自我处决”，又如同夏洛克从活人身上割肉。终于，对自身的揭示深入到感情世界的最底层，成为冒险的手术——最首要的，斩断瓦格纳情结——这是他对自己身体进行的性命攸关的一次开刀，紧靠着心脏，近乎自杀，它又是那么突兀暴虐，如同一起纵欲之后的凶杀，因为他那追求真理的强烈冲动正是在两情脉脉、缠绵缱绻之际强暴并随即扼杀了那与之肌肤相亲的身体。

但是，越残暴越好。尼采为了他的“克服”失的血越多，痛楚越深，越是无情地自残，尼采就越是满怀喜悦地为他对自己意志的考验而自豪。渐渐地，尼采的自残冲动变成了他精神的一种嗜好。

“我的摧毁欲与我的摧毁力旗鼓相当。”从单纯的变形中生出了一种乐趣，与自己分庭抗礼的乐趣。他书中的话语各自为营，彼此粗暴地扇着耳光，他激烈地背叛自己的信念，对每一个他自己说出的“不”断然说“是”，又对每一个“是”说“不”。他充分伸展着自身，以尽力拉开他本性中的两极，将这两极间的电压当作真正的精神生活来体察，一再逃离自己，又一再触及自己——“逃出自己的灵魂，又在更广阔的穹宇中赶上前来”——到后来，这成了一种兴奋过度，最终酿成了灾难。因为，就在他竭力拉伸他的本性时，精神在张力之下崩溃了：燃烧的内核、巨大的魔力爆发了，那无比强大的力只需一次火山爆发般的撞击，便摧毁了壮观的形象——创造的精神把它从自己的血液中唤出，又将其逐入无限之中。

南方的发现

我们需要南方——不惜一切代价
——光明、健康、开朗、快乐、温柔的声音。

“我们是精神太空中的船夫”，尼采曾这样豪迈地说道，以赞美思想那无与伦比的自由，它总能在那广袤无垠、不容践踏的领域中找到新的路径。确实，他的精神历程，他的转折和提高，永无止境的追求，正是在那无限高远的精神太空里展开，像一只不断抛下负载和压舱物的气球，尼采也始终摆脱着自身的重量和一切羁绊，变得越来越自由。随着每一根缆绳被斩断，每一个依靠被甩脱，他向上的行程越发壮美，于是他的视野越来越开阔，他的目光越来超越时空，越来越独特。在这只生命之舟陷入撕碎它的飓风之前，它经历了无数次转变，几乎无法加以计算和区分。

尼采的一生中，只有一次改变命运的抉择时刻凸现出来，清晰可见：那是最后一根缆绳解开时扣人心弦的一瞬，飞船从坚实牢固驶进无拘无束，由重浊升入无际的太空。尼采生命中的这一刻，就是他离开他的安居之处，离开了他的家乡、教授职位那一天，从此再不返回德国——除了不屑一顾地匆匆路过，他便永远在别处自由的天空中翱翔。在这一天以前发生的一切，对于本质的、世界历史意义上的尼采来说，都不甚重要。

最初的那些转变仅仅意味着自身的准备，如果不是那获取自由的决定性的一挣，他就仍然是个束缚在原来专业上的学究式人物，一个埃尔文·罗德或一个狄尔泰，是那些因术业有专攻而令我们尊敬、却不会对我们的精神世界产生重大影响的人物中的一个。直到他那具有魔鬼般力量的一面峥嵘显露，思想的激情脱缰驰骋，他感到了原初的自由——尼采才显出他预言家的面目，并把他的命运变成了一个神话，而我在这里尝试着不以一部历史，而是以一部戏剧，完全当作艺术作品和精神悲剧来再现他的生活。对我来说，他的生活道路始于孕育在他身上的那个艺术家苏醒、并且思虑感悟属于他的自由的那一时刻。古典语文学家尼采只是他的蛰眠期，那是个语文学问题。那个长翅膀的人，那个“精神太空中的船夫”才是我塑造人物的开端。

在尼采如阿尔戈英雄一般奔向自我的行程中，第一次抉择叫作“南方”；而这始终是他“转变之中的转变”。歌德的生活中，意大利之行也是个重大的转折。他逃往意大利，逃向他真正的自我，挣脱束缚，进入自由，生命不再是苟活，而是去体验、去感受。当他越过阿尔卑斯山的时候。随着意大利的太阳在他身上投下第一束灿烂的光芒，突如其来的巨变也降临在他身上。还在特兰托时，他就写道："我觉得，我好像刚从格陵兰岛返航归来。"他也是个"苦冬者"，曾在德国"恶意的天空下"受罪，决然离不开光明的天性，也使他立刻感到，他那深埋的感情正在不可遏制地勃发，一种开放，一种解脱，一种踏上意大利国土时诞生的自由的冲动，这只属于他自己。

但是，这一南方创造的奇迹出现得太晚了，歌德已经四十岁了，已经有一层坚实的外壳裹住他那毕竟井井有条的审慎性格。他的脑子、他的心灵有一部分留在了魏玛，和宫廷、家业、威望、职责在一起。他已经结成了太稳定的晶体而不可能再被什么力量彻底分解或改变；让自己受控制，这与他的整个生活方式格格不入。歌德要永远做自己命运的主人，别的事物向他索取的绝对在他的控制下（而尼采、荷尔德林、克莱斯特——这些挥霍无度的人，总是把自己全部身心奉献给每一个印象，被它重新熔化成沸腾奔涌的液体而快乐无比）。歌德在意大利找到了他要找的，仅此而已：他找到的是更深刻的联系（尼采找的却是更高的自由）、宏伟的历史（尼采寻求的是壮丽的未来，他要摆脱一切历史）。说到底，他探索的是深埋在下的东西：古希腊的艺术、古罗马的精神、草木岩石的秘密（尼采却如痴如醉、生气勃勃地抬起双眼，仰望头顶的一切：如洗的碧空，清晰无比的天际，射进他每一个毛孔的光的魔术）。因此歌德的体验主要是思维的、审美的，尼采的体验却是整个生命。

如果说歌德从意大利带回了一种艺术风格，那么尼采在那里则发现了一种生活风格。歌德在那里被滋润因而更加丰富，尼采在那里却是被移植从而获得了新生。歌德虽然也感到有必要更新自己，但像任何一种已然半凝固的形式，他只有接受“印象”的能力。对于尼采那种彻底的转变来说，四十岁的他已经太定形、太专断了，更重要的是不情愿。他那自我肯定的强烈冲动（这在晚年简直僵化成了一层甲壳）只在静止之外留下极有限的变化余地，这明智、节制的人，只吸取他自认为对他本性有益的养分（而每一个狄俄尼索斯性格的人则无止境地吸收一切，直到危险的境地）。歌德只想借助事物丰富自己，而不让自己被它们搞得神魂颠倒。因此他最后提到南方是在审慎的考虑之后，不无保留地表达了一种感激之情，而且最终竟成了拒斥。他对意大利之行下的结论是这样的：“无论如何我决不能再一个人独守，也不能再离开祖国生活，这也是我此次旅行值得一提的收获之一。”

只需把这些仿佛模子里铸出来的话整个儿翻转一下，便得到尼采南方经历的概括。他的结论与歌德截然相反：他从此只能一个人独守，并只能离开祖国生活。歌德离开意大利，又回到他的出发点，就如同从一次给他以推动、教益的旅行中归来，随身行李、心灵和头脑中装满了有价值的东西；尼采则永远失去了祖国，但却抵达了自我。这个“遭放逐的人”，逍遥快乐，无家无业，永远摆脱了一切来自“祖国”及“爱国主义”的钳制，自此时起，他只以一个“优秀的欧洲人的眼光”鸟瞰世界——那是一个超越国界的“游牧式的新人”。

尼采已经预感到他的来临，并欲化为彼身生活在彼岸的未来王国里。对尼采来说，精神的家园不在他出生的地方——那只是过去，是“历史”——而是在他自己创造、生育的地方。

“我的家园就是我身为父亲创造生命之处”，而不是他被创造的地方。这便是南方之行赐予尼采不可估量、不可磨灭的财富；这便是，从此整个世界对他而言既是异域又是家园，他获得了鹰隼一般明亮锐利的目光，能够在空中俯瞰四面八方和开阔的天际（歌德却说他感到自己有被“封闭的天际包围”的危险，虽然同时也被围了起来）。随着迁居海外，尼采永远超越了过去，终于摆脱了德国，也摆脱了语文学、基督教和道德。而最体现他极力摆脱一切束缚前进的天性的，莫过于他从不走回头路，从不用思念、伤感的目光回顾业已超越的一切。这驶向未来国土的航海者，“驾着最快的小船抵达了世界大同”。他是那样由衷地喜悦，哪里还有兴趣返回他那语言单一、片面单调的故乡。因此，每一个使他重新德意志化的企图，都注定是一种（时下十分普遍的）暴行。这个彻底获得自由的人再也没有退路。

自从他经历了意大利那晴朗的天空，他的灵魂面对任何一种“阴郁”都不寒而栗，不管那是来自乌云，抑或来自大学讲堂、教堂或兵营。他的肺叶，他感知天气的神经都再也不能忍受任何北方的、德国的、浑浊的事物：他不能再生活在门窗紧闭的昏暗、精神的云遮雾罩之中。对他而言，真实从此意味着明晰——深远地瞭望，清晰地勾勒轮廓；他激情洋溢地礼赞那辉煌、锐利的光芒，从此他永远摒弃了“德国特有的魔鬼——暧昧”，这个或许是天才或许是恶魔的东西。自从他生活在南方、“外国”，他那如美食家一般的敏感便使他感到，德国的一切对他愉悦开朗起来的心绪都成了厚重郁积而使他“消化不良”的食物，是永远与一堆问题纠缠不清，是灵魂终其一生的拖拖拉拉、辗转反侧；德国的一切永远不能再使他感到充分的自由和轻盈。甚至他一度最喜爱的作品现在也引起他精神上的一种“胃部压迫"：他觉察到了《名歌手》中的沉重、雕琢、华而不实、强作欢愉，在叔本华那里发现了骨子里的惰怠，在康德那儿则品出了一股政客式伪善的异味，在歌德那儿是职务、威望的累赘、闭塞的眼界——但这不仅是这深邃的头脑对当时德国“现代”得过分（其实已降至最低点）的思想状况的厌恶，不仅是对“帝国”和一切背弃德意志原有精神而去追求“大炮理想”的行径的愤怒，也不仅是对德国丝绒家具和柏林凯旋柱那般审美趣味的憎恶。他的新“南方学说”要求所有的（而不仅仅事关民族的）问题以及整个生活态度都纯粹而如倾泻的阳光般明朗。“光，即使沉重的事物之上也要有光”，由无比清晰达到无比欢乐——一种更开朗的科学。没有“学习的民众”那种怏怏不乐、愁眉苦脸，不是德意志式的忍耐、枯燥、充满学究气的刻板，散发出书房、教室的陈腐气息。他对北方、对德国、对故乡最终的排斥不是来自他的精神，他的理智，而是来自他的神经、心灵、感觉和内脏，是肺部终因感到自由的欢乐而发出的呐喊，是一个终于找到了“灵魂气候”而卸下重负之人的欢呼。自由，随之而来的是发自心灵深处不无恶意的雀跃欢呼：“我逃出来了！”

在他决然非德意志化的同时，南方也使他彻底脱离了基督教。他像一只享受阳光的蜥蜴，因阳光照彻灵魂的每一个角落而快乐无比，回首自问道：“究竟是什么使他这么多年以来悒悒不欢，是什么两千年来使整个世界这般畏惧、抑郁，自觉罪孽深重而永远小心翼翼、缩首畏尾，而最开朗、最自然、最充满活力的一切和最宝贵之物——生命却被无限贬抑。”他在基督教、在对彼岸的信仰中看出了现代世界阴暗抑郁的根源。这种“散发着秽气和迷信的信仰”败坏麻痹了世界的感性和明朗，是五十年代人危险至极的麻醉剂，使过去有力的一切陷入道德的瘫软。现在——他突然意识到生命即使命——他终于要开始进军未来的“十字军东征”了，去捣毁十字架，去重新征服人类最神圣的领地：我们的此岸。这种“对此在的超常感觉”教会了他激情洋溢地注视此岸的、真实感性的、切身的一切。自从有了这一发现，他才意识到，圣坛上的香烟和虚伪的道德蒙蔽了他的双眼，使他那么长久地看不见“贯注着新鲜血液的健康生命”。在南方，在那所“灵魂和肉体康复的大学校”里，他学会了把握生活，它率真自然，清白欢悦，如游戏般开朗，没有对严冬的恐惧，没有对上帝的敬畏。他坚信可以真挚无愧地对自己说一声“是”。

这种乐观主义也来自上界——当然不是从一个隐匿着的上帝那儿来，而是来自一个昭著、崇高的秘密，来自太阳和光。“在彼得堡我会是一位虚无主义者。但在这儿，我——就像植物一样——信仰太阳。”他全部的哲学都是直接从获得解放的血液中酝酿、奔涌而出。

“留在南方吧，即使只是为了信仰的缘故。”他向一位朋友疾呼。光明一旦成了神丹灵药，那它也就成为尼采笃信的至宝。他以光明的名义发动了一场最残酷的战争：讨伐地球上妄图摧毁生命的光明、开朗、清晰、无拘无束的自由以及充盈、丰沛的一切。“……从现在起，我与现实的关系就是一场生死攸关的战斗。”

除了这勇气，在他作为语文学者躲在帘栊紧闭的房间里呆板僵 化的生活之中，同时出现了狂妄，它惊扰、搅动着原已凝滞迟缓的血液循环：思想那水晶般剔透纯净的形式犹如冰河解冻，顿时欢快地流淌，渗透了光，渗入每一个神经末梢；在突然灵动起来的语言、风格中，太阳闪烁着宝石般的光芒。一切——他这样说起自己在南方的创作——都是用“融化坚冰的暖风的语言”写就，其中回荡着一种声调——它似乎要砸碎一切解放自己，像一层冰壳裂成粉碎，春天则温婉柔媚，带着尽情游戏的兴致悄然来临。

光明洞彻最深的黑暗，每个火花般闪烁的字眼里都无比纯净，每处停顿都蕴含着音乐——而君临一切的是一片澄明空灵的天宇。

早先的语言固然优美有力，却如岩石般冷漠。如今的语言，轻盈地高高跃起，充满欢乐，自由地舒展着肢体，像意大利人那样伴着丰富变幻的表情手之舞之，足之蹈之，而不是德国人那样嘴里说着话，躯体却僵挺漠然——今昔对比，真是天壤之别。新生的思想像散步的小径上翩跹飞舞的蝴蝶迎面向新生的尼采飞扑来，于是他不再将它们寄予那种庄严洪亮、犹如穿着黑色燕尾服的德语——新鲜空气一般的思想要求一种新鲜空气一般的语言，轻捷、柔韧，有着体操运动员一般灵活敏捷的身手。这语言奔跑，跳跃，屈伸舒张，从忧伤的华尔兹到疯狂的塔兰泰拉，各式舞步，它无所不能——包容一切，讲述一切，而无需挑夫的肩膀和沉重的步伐。原来风格中所有家畜般的忍辱负重、所有的从容威严都化为乌有，他时而扶摇直上，升入那朗天丽日，时而又充满激情，仿若一口古钟发出的阵阵轰鸣。

他体内酝酿着澎湃的力，珍珠般闪亮的格言警句像香槟一般醇香醉人，而有时又突然掀起韵律的狂澜。他周身像是笼罩上了一层壮美雄奇的光，又像一条河流在阳光的照射下，澄江似练，清可见底。

也许不曾有过一个德语作家的语言是如此迅速地脱胎换骨，

焕发青春，肯定也没有一个作家的语言发生过类似的变化——变得充满太阳的热烈、甘醇的醉意、南方的气息、神一般的高尚、异教徒一般的自由。只是在凡·高身上我们重睹了阳光降临在北方人身上造就的奇迹——他荷兰时期那黯淡、沉重、抑郁的色彩一变而为普罗旺斯时期的炽热、刺目、强烈，只有这个濒临疯狂的头脑中普照一切的光，才能与照彻尼采身心的南方的光相提并论。这两个善变的狂徒，激情如摄食鲜血的吸血鬼，只有他们才如此沉迷于光，无比迅速地摄取光。只有魔鬼附体的他们才能经历如此辉煌的开启，这奇迹直渗透到他们的色彩、音响、词句的毫末之处。

但如果尼采也会餍足于一次狂饮，那也称不上具有魔鬼血统：即使在南方，在意大利，他仍在孜孜寻觅一种"比较级"——"超凡的光"取代了光；"超凡的清晰"取代清晰。正如荷尔德林渐渐地把他的希腊搬迁到"亚洲"，即东方野蛮之地，尼采最后的激情中也燃起一种向往热带、向往"非洲"的崭新的兴奋。他要太阳熊熊燃烧的火焰，而不仅仅是太阳光；他要锋利如刀割的明晰，而不仅仅是勾画轮廓的明晰；他要随极度快感而至的痉挛，而不仅仅是轻松愉快：把感官上微小的波动增强为心醉神迷的狂喜，把舞蹈变成飞翔，把热切的生命感提高到白热化的境地——这欲求在他的血管里澎湃奔腾，于是语言再也满足不了他恣意纵横的思想。连语言也显得那么局促、凝滞和沉重，因为他的心正翩翩跳起狄俄尼索斯之舞，为此他需要一种新的手段，比语言更无拘无束的手段——于是他返回了他的那种天赋——音乐。南方的音乐——这是他最后的向往，在这种音乐中，明晰具有优美的旋律，精神插上了羽翼。他在一切的时代和一切的疆域之内苦苦地寻觅这透明的南方的音乐，但却没有找到——直到他自己把它创造了出来。

逃往音乐之乡

喜悦，灿烂辉煌的喜悦，你来吧！

音乐，是尼采与生俱来的天赋，只不过一直潜伏着，并且根据精神上的理由，总是被更强大的意志有意识地排挤到一边。少年时代的他就以大胆的即兴演奏令伙伴们兴奋不已。在他青年时代的日记里，有关自己作曲的记载也比比皆是。但是大学时代的他越是坚定地献身于古典语文学及哲学，他就越是层层设障堵截他天性里潜伏着的渴望猛烈爆发的巨大力量。音乐，对这位年轻的古典语文学家来说，成了严肃庄重之余愉悦的休憩，是类似看戏、阅读、骑马或斗剑的爱好，是一种闲适的精神体操。由于他用心地截流，有意识地堵塞，在最初那些年的作品里，这一天性竟滴水不漏：他固然写了《来自音乐精神的悲剧的诞生》，但音乐只是对象、客体、考察的主题——没有一丝乐感改头换面渗入他的语言、风格、思维方式，在其中激越荡漾。就连尼采青年时期的抒情诗作中也毫无乐感，甚至——更令人惊异的是——按照比洛颇为内行的评价，他的作曲习作犹如若隐若现的幽灵，是纯粹的反音乐。在很长一段时间里，音乐对他来说，都只是一种业余爱好，年轻的学者兴致勃勃地搞搞音乐——他无需为此承担任何责任，因为那“与使命完全是两回事”。

直到包裹在他生活之外的那层冷静客观的古典语文学者的外壳松动，音乐才突然降临并占据了尼采的内心世界，就像整个世界被火山爆发般的力量震撼、撕扯着。于是，刹那之间洪流冲破了堤岸，冲出了河道。是的，音乐总是在某种激情剧烈撕扯着一个人的内心，使他兴奋、脆弱、每一根神经都绷紧的时候降临——托尔斯泰正确地认识到这一点，歌德则痛苦地感受到这一点。因为，即使是永远对音乐采取一种小心翼翼的防范态度的歌德（就像对待具有魔力的一切；他能辨认出变幻成任何一种化身的引诱者）。也总是在放松（或者用他的话说，在“展开”）的时刻降服于音乐；因为在袒露出弱点的时候，他的全部身心都激动起来。他总是被一种感情俘虏（最后一次是在乌尔丽克那儿），无法控制自己的时候，音乐便在这时冲破哪怕是最坚固的堤坝，膜拜的热泪夺眶而出，作为贡物和音乐而写成诗篇，壮美无比的音乐成为无意识的感激。音乐——有谁不曾沉浸其中——总是当人身心开放，在幸福的渴望之中变得柔情脉脉，长驱直入人的心灵。这正是尼采遇到的情况。

当他满怀至深的渴望来到南方，敞开他的心胸的时刻，仿佛一种异乎寻常的象征，在他一向从容不迫、平铺直叙的生活经由突如其来的净化转向悲剧意味的生活时，音乐降临力量。他以为他描述了“悲剧从音乐精神之中的诞生”，其实恰恰相反，他经历的是音乐从悲剧精神中诞生。压倒一切的全新感受不再满足于极有分寸的话语表达，它要求更有力的手段，更大的魔力：“哦，我的灵魂，你一定要学会唱歌。”

正是因为他天性深处那蕴藏着神奇力量的源泉被语文学、被丰富的学识、被冷静淡漠淹埋了那么长久，这时便尤其猛烈地喷发出来。以它强劲的激流，压迫他最纤细的神经末梢，他风格中最微妙的笔触，迄今为止一直只知描述的语言，像渗透、浸润了新的活力，顿时散发出音乐的气息。宣叙调式的庄严的行板——他以前作品中的沉重风格——如今有了“波动起伏”，有了音乐的多重运动。

各种精湛完美的技巧闪烁其间——断音般精辟的格言警句，弱音般的抒情歌，拨奏一般的讽刺笑傲，以及对散文、格言、诗歌的大胆融合，就连标点符号这些言语之间的无声之处——破折号、着重号，也产生了音乐的效果；德语中还不曾让人生出如此强烈的散文化为音乐的感觉。

像揣摩一部杰作总谱的音乐家参透语言从未被触及的丰富内涵，是一位语言艺术大师的无穷乐趣：在强烈的不和谐音后面，隐含着多少和谐，又有多少形式的明晰蕴藏在那如痴如醉的丰盈之中啊！因为，不仅乐感颤动在语言的神经末梢，就是作品本身这时也给人以交响乐一般的感觉，它们不再源于大脑冷静周详的计划，而是直接来自于音乐的灵感。

他本人谈及《查拉图斯特拉如是说》的时候说，他是把它当作第九交响乐的第一乐章来写的，而《看哪，这人》的序言中那独特非凡的语言——那丰碑一般伟岸的词句难道不是为一座未来的宏伟教堂创作的管风琴序曲吗？诗如《夜歌》《刚朵拉船歌》，难道不是从天边的孤寂之中飘来的歌声？除了他最后的欢呼——酒神颂，陶醉狂喜又何曾如此勇武，成为古希腊的颂歌？上有南方澄澈的晴空，下有音乐奔涌的湍流，语言在这里委实化作了永无止息的浪涛，尼采的精神就在这波澜壮阔的海洋上旋转，直到被毁灭的漩涡吞噬。

就在音乐迅疾、猛烈地袭来之际，这个清醒无比的人，立刻觉察到与之俱来的危险：这急流会裹携着他，将他带出自己身外。歌德对危险退避三舍——“歌德对音乐的审慎态度”，尼采的笔记中曾这样写道，尼采却总是抓住危险的犄角，重新估定一切价值，这就是他抵抗的方式。于是他把毒鸩变成良药（就像对他的疾病）。

他要令音乐以完全不同于从事语文学那些年的面目出现：那时他急需的是精神的高度紧张、感情的兴奋激动（瓦格纳！）和平衡他另一半冷静的学究生活。而现在，他的思想本身已经是一种放纵和感情的挥霍，那么音乐就必须改作灵魂的镇静剂。它不可以再使他迷醉（因为此时一切思维已发出喧嚣声），而是要给予他荷尔德林所说的那种“神圣的静穆”。

“音乐，作为怡神的手段，而不是刺激的手段”。他要一种成为避难所的音乐，当他遍体鳞伤、精疲力尽地从他精神的逐猎中踉跄而归，可以躲避其中；是疗伤的沐浴，是水晶般的水波，能使他遍体清凉、澄澈——来自上界的音乐，来自爽朗的天空，而不是来自压抑郁结着激情的灵魂；一种使他忘我的音乐，而不是把他再次赶回他的内心；一种“赞许鼓励”的音乐，南方的音乐，和谐如纯净的清水，无比单纯，一种“可以用口哨吹出来”的音乐；不要来自混沌的音乐（那已经烧灼着他自己的内心），而要来自上帝创世第七天的音乐，这一天充满了安宁，只有大地众生礼赞上帝的歌声，一种安息的音乐：“我终于舶进了港湾：音乐，音乐！”

轻捷，这是尼采最后之爱，是他衡量万物的尺度。带来轻捷与健康的，便是好的：精美的食物，精神，空气，阳光，风景，音乐。凡是使人轻举飞扬，有助于忘却生命中呆滞和黑暗、丑陋的东西，才赐予恩惠，因此才有这迟到的艺术之爱，“使生命成为可能”，是“生命的兴奋剂”。音乐，明朗、镇痛、轻盈的音乐，从这时起成了这激动不已的人心爱的甘醇。

“没有音乐的生活纯粹是一桩苦行、一个谬误。”在最后的危机之中，他是如此渴望着啜饮音乐那清亮的甘露，即使是张着爆裂、滚烫的唇焦躁地热望着水的高烧病人也不过如此。“可曾有人这样渴求着音乐么？”音乐是他获救的最后希望：他也正是因此痛恨瓦格纳，因为后者用麻醉剂、兴奋剂搅浑了冰清玉洁的音乐，他也因此而感到痛苦——为音乐的命运，如为一处裸露的伤口。这孤独的人摈弃了众神。唯有这一位他决不容许被人夺去——这是使他灵魂振奋、永葆青春的琼浆玉液。“音乐，唯有音乐——完美拥有音乐，以使我们不会面对真实而走向毁灭。”像溺水者，他牢牢地抓住音乐——生命中唯一不屈服于沉重的力量，让它把他升入它至圣至乐的境界。

而音乐被这诚挚的恳请深深打动了，它仁慈地俯身环住他跌落中的身体，所有的人都离弃了他，朋友们早就离开了，只有音乐陪伴着他，直到他最后的、七重的孤独。他触动什么，它同他一道去触动；他在什么地方说话，它清亮的声音也响起来；它一再有力地托举起沉重地向下坠去的他，当他终于堕入深渊，它依然守护着他已然寂灭的灵魂；当欧佛贝克走进他的房间，看到神志丧失的他仍在钢琴旁用颤抖的双手摸索着弹奏和弦；当他们护送精神错乱的他回家去，他一路上都用动人心魄的旋律唱着他的《刚朵拉船歌》。音乐一直陪伴他到精神陷入一团漆黑，它那神奇的魔力与他生死相伴。

第七重孤独

一个伟大的人遭受

摧残、压迫、打击，直至孤独。

“哦，孤独，我的家园——孤独。”从寂静的冰川世界里传来这沉郁的歌声。查拉图斯特拉吟出他的挽歌，在他永远返回家园前夕唱的歌。孤独，这不一向是漫游者唯一的家、冰冷的灶、石头的屋吗？在他无止息的精神旅途中，他到过无数的城市；他一再企图在别处避开孤独——但却总是回到它，伤痕累累，疲倦而失意——重归他的“家园——孤独”。

然而，由于总是如影随形地同易变的他一起漫游，孤独本身竟也变化了——当他再次端详它的面容，不由得大惊失色。原来，长期为伴，使得孤独越来越酷似他了——像他一样越来越严厉、冷酷、暴戾，它学会了伤害，长成了危险因素。当他依然柔声唤它为孤独，他熟稔、亲密的孤独时，它却早已更名改姓了：这第七重的至深的孤独，现在叫作孤寂；不再是遗世独立，而是被众人遗弃。因而在尼采最后的日子里，他的周围变得可怕的空虚和死寂；连遁世的隐士圣徒也不曾像他这样形单影只，因为，他们这些狂热的信徒，至少还追随着他们的上帝，这上帝至少将他的影子投进他们的茅屋。可他，这个“谋杀上帝的人”呢？他既不再拥有上帝，也不再拥有同人；他越是赢得自我，就越是失去世界；他走得越远，包围着他的“荒漠”也越广阔。

通常是最最冷门的书会缓慢和静静地增强其吸引人的魅力：以觉察不到的影响力量在自身周围聚集起一个与日俱增的读者圈；尼采的作品却生出一种排斥力，日益激烈地把友好的一切从他身边推开，把他自己从时代中剥离出来。

每本新书都使他支付出一个朋友、一个关系的代价。渐渐地，就连他的所作所为所能引起的最后一点微薄的兴趣也冻僵了：他先是失去了古典语文学的同行们，随后失去了瓦格纳及其同道，最后连青年时代的伙伴也失去了。德国再也找不出一个出版商愿意出他的书，二十年的成果凌乱地堆积在地下室里，重达64公斤。为了使他的书还能出版，他只得动用自己那点可怜的积蓄和别人馈赠的钱。但是，不仅没有人买他的书，即使是送，也没人读他的书了。《查拉图斯特拉如是说》的第四卷，他靠自费仅得以多印了40册，随后却发现，在七千万人口的德国，他只能给七个人各自寄上一册。

此时的尼采，正处在创作的巅峰期，对他的时代而言，却显得那么陌生。没人流露出哪怕是一星半点儿对他的信任和感激；相反，为了保住仅存的一位青年时期的朋友欧佛贝克，他不得不为自己的书请求谅解。

“老朋友”——我们仿佛听见他怯生生的语调，看见他满脸惶然地举起双手，这是一个曾遭受打击的人为防备新的一击而做的动作——“把它从头至尾读完吧，别被搞糊涂了，也别疏远我，尽你所能对我好些吧。如果你不能容忍这本书，那也许只是不能容忍一些细枝末节罢了。”这就是1887年最卓越的头脑向世人奉上时代最伟大的作品时的境况。他不知道还有什么豪言壮语可以用来讴歌友谊，除了说没有什么能摧毁友谊——“查拉图斯特拉也不能”。查拉图斯特拉也不能！——对世人来说，尼采的著作成了何等的负荷考验，变得何等尴尬！在他的天才与时代的鄙陋之间横亘着多么不可逾越的一道鸿沟！他呼吸的空气越来越稀薄，也越来越寂静、空洞。

这样一种空寂将尼采的第七重孤独变成了地狱：他在它的铜墙铁壁之上，撞得头破血流。“在我发自肺腑的呼唤之后——如我的查拉图斯特拉——我却听不到一个回答的声音，没有，什么也没有，永远只有无声的，幻化出千万重的孤独——它是那么异乎寻常地可怖，能令最坚强的人崩溃，”他这样叹息着说道，“而我，并不是最坚强的人。我是在受了致命伤后，才鼓起勇气的。”但他要的，不是支持、赞同或名声——恰恰相反，对他的斗士气质来说，再没有什么比激怒、蔑视、乃至嘲讽更受欢迎的了。“一个人如果处在弓满欲断的状态，那么任何一种情绪都会使他感到惬意的，但首先他必须很强大。”

不管是冷冰冰是火辣辣，哪怕是温吞吞，只要有个回答能向他证明他的存在、他的思想的存在！

但是，连他的朋友也小心翼翼地躲开，他们在信里回避任何一个评断，就好像那会使他们难堪似的。这是一道伤口，它不断地向深处侵蚀，使他的骄傲和自信化脓、发炎，使他心焦如焚。“这道伤口叫作得不到回答”，就是这创伤使他的孤独生出了毒性并且变得狂躁不安。

这种焦躁不安又突然沸腾翻滚起来，从这颗受伤的心中奔涌、迸发，如果把耳朵贴近他最后几年所写的文章、书信，你会听到，他的血液在过于稀薄的空气的压迫下，开始激荡着一种病态兴奋的搏动：这位攀登险峰的太空船夫的心胸激烈、热切地跳动着，在他致克雷斯腾的最后几封信中，字里行间也充满着这种紧张气氛，像一部爆裂的机器发出不祥的隆隆声、沙沙声。尼采那原本温文尔雅的举止，渐渐带上了一丝焦躁不安：“长久的沉默激怒了我的骄傲。”

现在，他要不惜一切代价地得到回答。他写信、拍电报，催逼人家印他的书，要快、再快，就好像片刻的延迟就会带来什么严重的后果似的。他不再按计划行事了，他的主要作品《强力意志》还没有最后完成，他便迫不及待地从中抽出一部分章节，像火把一样，向着时代掷过去。

“预示不祥的音调"寂灭了，从他最后的作品中发出一声呻吟，它饱含抑郁的痛苦，满怀讥诮的盛怒：焦躁像一根鞭子，将这些作品从他的内心抽打、驱赶出来。他的骄傲被“激怒”了，一向我行我素的他向时代发出了挑衅，期待着它勃然大怒。为了收效更显好，他在《看哪，这人》中“用一种足以名垂史册的玩世不恭”讲述了他的生活。

在对回答的热切渴求之中，他写出了最后那些不朽的小册子，从没有一本书是在如此的贪婪和战栗的期待之中写出来的。他忧心忡忡，唯恐再也等不到成功的那一天，他对回答的渴望使他心急如焚。你可以觉察到，每甩动一次鞭子，他都会停顿片刻，倾听可否有挨了鞭子的呻吟声传来。但是什么动静也没有，那一片“蔚蓝色”的孤独里不再有任何回声。死寂，像一只铁环紧箍着他的喉咙，即使是人们迄今所听到过的最令人毛骨悚然的怒吼也无法将其击碎。他预感到，连神灵也不能将他从这孤独的囹圈之中解救出去了。

于是在最后的时日中，不祥的盛怒攫住了这苦苦挣扎的人，像独眼被戳瞎的波吕斐摩斯咆哮着向周围抛掷石块，却看不见是否击中了目标；又因为没有一个人与他同甘共苦，他只有自己勉力抑制着抽搐的心跳。

他谋害了一切神灵，于是他自立为神——“要配有如此作为，我们自己不成为神怎么能行呢？”他捣毁了所有的祭坛，那么他就得建起自己的一个。

《看哪，这人》，为无人喝彩的自己喝彩，对无人赞誉的自已赞誉。他垒起语言的巨石，锤击声声，响彻整个世纪。他引吭高歌，歌声中洋溢着陶醉和狂喜，这是他的别世之歌，是他的业绩和胜利的颂歌。

他阴郁地起唱，歌声中隐含着风雨欲来的呼啸，随后一阵笑声爆发了，尖锐、刻毒、迷狂的笑声，那是身陷绝境之人反常的兴奋，令闻者肝肠寸断——它叫作“看哪，这人”之歌。渐渐地，歌声中加进了骤然的跃动，笑声越来越尖啸着插进沉默的冰川；在酒神一般的狂迷沉醉之中他举手投足，突然间，他凌空起舞，就在他那即将堕入的深渊之上。

深渊之上的舞蹈

如果你长久地凝望
一个深渊，它便也凝望着你了。

1888年秋季的五个月是尼采最后的创作时期。在人类创造力的历史当中，这段日子显得如此卓尔不群。一个天才在如此短暂的时间里，如此疯狂不歇地思索，这是前所未有的。

世上从没有一个人像他这样，注定了头脑中要充盈着思想，变幻着意象，奔涌着音乐。如此丰沛、激情、疯狂的创作，在自古至今的人类思想史上，找不到任何可与之匹敌的对手。

也许就在同一年，咫尺之遥的同一片天空下，倒有一位画家正经历着那同样被激发到了疯狂境地的创造力：在阿尔的花园里，凡·高以同样的速度和对阳光的迷恋，以同样喷薄欲出的创造力不停地作画。一幅闪耀着璀璨光芒的画刚刚完成，他那准确无误的笔端已经扑上新的画布，绝没有迟疑、计划或思考。创造几乎像做记录一般轻而易举，像具有了魔力一样明晰而敏锐，幻象一个接着一个。一个小时前刚刚离开凡·高的朋友，会在回来时惊讶地看到又一幅完成的新作。并且他已经饱蘸画笔，目光灼灼地开始画第三幅了：扼住他咽喉的魔鬼，容不得片刻喘息、间歇，只顾加鞭狂奔，而不管他胯下的躯体已经气喘吁吁，全身滚烫。同样，尼采也是一部接一部无休止地写着，其敏锐迅捷空前绝后。

10天，14天，三星期——这就是他最后作品所持续的时间——构思、酝酿、阐发、成形、润色，所有这些都浓缩在一起，没有孕育期，没有探寻摸索，也没有斟酌推敲，一切都是一气呵成，完美无瑕，熔炼和淬火同步进行。从不曾有过一个头脑如此持续地高度紧张，并且闪电般地将思想转换成语言，联想、幻想从不曾如此神速地连属成章，落在笔端，而思想则是那样无比清晰。但是这样的丰盈之中，你却感觉不到丝毫吃力的迹象，创作不复是一桩辛劳，他只需听任那更高的主宰为所欲为。

在思想的波峰浪谷之间，他只需抬起他深邃的目光，“深谋远虑”的目光，便越过广袤的时间，将过去和未来一览无余。不过他眼中的触手可及，他只需伸出手去——渴望地、迅疾地——就可以将它握在手心，而它便立刻灵动起来了，洋溢着形象、律动着音乐。在那段拿破仑一般勇往直前的日子里，这股思想、意象的激流从没中断过一秒钟。那原始之力的浩荡洪流冲击着他，他被淹没了。“查拉图斯特拉突袭了我”——他一再讲起这种遭遇袭击，那是在一个强力面前的缴械，就仿佛他头脑中那道用来拦住洪水的理智暗堤坍塌了，于是洪流一泻千里，而他则听之任之！“大概从不曾有过什么产生于同样力的丰盈”，尼采这样热烈地谈及他最后的作品。但他只字不敢提到那充盈着他，又使他爆裂的，正是他自己的力量。相反地，他陶醉而虔诚，因为他只“传达来自彼岸的命令”，他是一个欣然被更高的主宰之力占据了全部心灵的人。

但是，有谁能描绘得出这灵感的奇迹，这持续了五个月、没有片刻间歇的创作的暴风骤雨呢？因为他自己已然在欣喜若狂的感激之中，在强光的笼罩之下，描述了他的体验和感受。

我们只有将他这闪电击出的一段文字抄录下来：“在19世纪末的今天，可有谁清楚地知道，在更强盛的时代里，诗人们是如何称呼灵感的么？我将在别处对此做出描绘——事实上，你头脑中只要还残留着一点迷信思想，你就几乎不可能摆脱这样的念头，你只是一个无比强大的力量的化身，它借助你开口说话。‘顿悟’这个概念如果意味着，你的眼睛、耳朵突然间无比准确入微地捕捉到了什么。它使你深深地震撼、倾倒，那么，这就是这种状态最确切的形容了。你倾听而不必寻找，你索取而无需询问是谁在给予。像一道闪电，蓦然间，一个思想亮起来了，不可避免地，毫不犹疑地——我从来都别无选择。这是沉迷的狂喜，它有时会在泪泉之中消解，当它袭来时，你会身不由己地时而大步流星，时而缓步轻移；这纯然是忘乎所以，但又无比清醒，能意识到无数细致入微的颤动，甚至直到足尖；这是快乐的深谷，其中一切阴郁痛楚都不是它的对立面，而是这光的充盈之中一抹不可或缺的色彩；这是一种对韵律的本能直感，它覆盖了形式的广阔天地；迫不及待地延展韵律，这几乎成了对灵感之力的节制，以平衡它施加的压力、张力……在更高的意义上，这一切都并非有意为之，而是置身于一股自由、必然、力和神性的激流之中。最奇特的是意象、比喻的浑然天成：你再也无需概念，一切意象、比喻已经争先恐后地做出最贴切而又最凝练的表达。真的，就好像各种事物自动走上前来，要求充当比喻。这让我们想起查拉图斯特拉的话（‘一切都含情脉脉地走来听你讲话，向你献媚讨好；因为它们想要驾驭你。你随便驾驭着一个比喻便可以驰向任何一个真理。一切存在的词汇和词汇匣都向你敞开；一切存在都要在你这儿化作语言，一切生成都要向你学习说话。’）这就是我对灵感的体验。我毫不怀疑，要上溯到数千年前，才有可能找到一个敢于告诉我这也是他的体验的人。”

我深知这自我陶醉的欢快音调今天会被医生诊断为欣快症，是来日无多的人最后的快感，是典型的自大狂病人的症状。但是我还是要问，历史的长河中可曾有过一种心醉神迷的创作状态伴随着如此水晶般剔透的纯净清晰？

尼采的最后作品举世无双的神奇之处就在于，无比的明晰与无比的陶醉结合一起，像两个梦游者结伴而行，既拥有酒神乃至猛兽一般的爆发力，又像蛇一样聪明，否则，那些热情奔放的人，被狄俄尼索斯迷醉了灵魂的人，只会从黑暗中呢喃着沉郁压抑的话语，犹如含混的梦呓；这些俯视深渊的人，他们那带着莫名的神秘深奥的语调，似乎正是来自那个世界。那里使用的语言，我们只能隐隐约约而又不无惧意地去感觉、去臆测，我们的头脑并不能充分理解——尼采却在他的醉意中始终保持着钻石一般的清澈坚硬。他的话即使在狂热之中也那么锋利尖锐。

大概从没有人俯身在发疯的边缘，却又丝毫没有头晕目眩，而是像尼采那样深邃、清醒。他的语言（不像荷尔德林和其他神秘主义者）没有染上幽暗的色彩，而恰恰在最后时刻无与伦比地真切、清晰，你甚至可以把它形容为“被神秘之光洞彻”。

这里闪耀着的是危险的光芒，它犹如午夜的阳光，明亮而诡谲，它升上冰山，通红地燃烧着，它是灵魂的北极光，其壮丽奇谲令人悚然动容。它不给人温暖，而是令人不寒而栗；它不使人头晕目眩，却可以置人于死地。荷尔德林被感情那沉郁而汹涌澎湃的韵律裹挟乃至吞没，尼采却被自己发出的光芒烧毁——那夺目的白光像柄柄利剑，令人无法忍受。尼采崩溃、死于光的射线，被他自己的精神烈焰烧成了灰烬。

他的灵魂在这强光之下燃烧、颤抖已有很久了，长着一双慧眼的他经常震惊于这光的丰盈和他自己心灵的明朗。

“我感情的强度使我惊骇，令我开怀。”但再没有什么能约束这丰沛的洪流，这鹰隼一般白天而降的思想发出的清响夜以继日地包围着他，直到血液在他的太阳穴里轰然作响。夜晚，药物能起些作用，盖起一层薄弱的睡眠屋顶，遮挡幻象那如注的暴雨。但神经像一根燃烧的电线：他整个成了电，成了闪电一般闪烁的光。

在灵感疯狂的漩涡之中，在思想倾泻而下的激流之中，尼采失去了足下坚实平坦的大地；理智被无数魔鬼撕扯着，他不再知道自己是谁，他的极限在哪里，这一切难道奇怪么？他的手（自从它不再听从他自己的指挥，而只记录上界那个更高的力量的口述），早已惮于在信上签写他自己的名字弗里德里希·尼采，因为他隐约感到自己正经历着非同寻常的东西。他早已不再是瑙姆堡一个新教牧师的儿子，而是一个还没有名字的生物，有着压倒一切的力量，是一个新的为人类殉难的烈士。

自从他感觉到，自己已与那超凡的力量结为一体，成了力和传递力的媒介，而不再是人，便只用象征意义的符号“怪兽”“钉在十字架上的人”“反基督徒”“狄俄尼索斯”签在他传达的福音之上。

“我不是人，我是炸药。”

“我是一个具有历史意义的事件，以我为界，人类的历史分成两半。”

于是他带着渎神的狂傲在可怕的沉默之中怒吼。就像在燃烧的莫斯科，拿破仑面对着俄罗斯没有尽头的严冬，周围是他溃不成军的部队，可他依然威严地颁发着一道道命令（那气概离可笑不过举步之遥）。尼采也在他大脑的克里姆林宫里创作他的小册子，他命令德国的皇帝到罗马去，由他判处枪决；他敦促欧洲各国对德国采取军事行动，他要给德国穿上约束衫。怒火从没有这样狂暴地迸发，渎神的傲. 慢从不曾使一颗灵魂如此超凡脱俗。他的话如同抡起的铁锤，重重砸在世界的大厦之上：他要重修历法，用一个反基督徒的出现取代基督诞生。他置自己的画像于所有时代的中流砥柱之上——即使是疯狂。尼采也比其他精神错乱之人来得辉煌；在这一点上支配着他的也是同样壮丽的丰盈。

灵感的激流从不曾像对这个短暂的秋季中的尼采这样贯注在一个创作中的人身上。“从没有过这样的创作、感受和痛苦：只有神。只有狄俄尼索斯才会这样受苦。”——这些话发自开始丧失理智的尼采，它们千真万确。因为那个四层楼上的斗室，西尔思·马利亚的栖身之处，它们留宿的不仅是神志处在明灭摇曳之中的弗里德里希·尼采，同时还有这个世纪在走到尽头时所能听到的最大胆的思想，最豪迈的话语：创造的精灵溜到了这太阳暴晒着的低矮的屋顶下，慷慨地馈赠那个穷愁潦倒、默默无闻、迷惘绝望的人，远远超过于一个人的承受能力。在这局促的空间里，被无限扼制着，这穷途末路上惊恐的生灵踉跄摸索着，头顶上霹雳闪烁，它照彻黑暗，昭示未来。

一个神——他像疯了的荷尔德林一样，感到头顶上有一个神，一个烈火之神，没有一双眼睛敢于直视他的面孔，他的气息会烧毁一切……战栗之中，他一再抬起头，想辨清他的容颜，可他神思涣散了……他，感觉、吟咏、承受着一切的他……难道他……他自己不正是神么？……他，他是谁？……他是被钉上十字架的人，还是死了的上帝，抑或是活着的神……他青年时代的神，狄俄尼索斯……或许他集二者于一身，是被钉在十字架上的狄俄尼索斯……思路越发混乱了，太多的光使那激流的喧嚣声太响了……那还是光么？那不是音乐么？阿尔伯尔托路四层楼上的小屋鸣响起来，所有的天体通体透明，震荡着，每一层天都焕发着异样的光彩……哦，这是怎样的音乐！泪水夺眶而出，浸润了面颊，温暖、热烈……哦，这是何等神圣的深情，这是何等宝贵的幸福……那么现在……多么光明……下面，街道上，所有的人都在向他微笑……他们抬头向他致敬，那边的女商贩，正从她的篮子里挑出最美的苹果……一切都在他——谋杀上帝的凶手面前躬身，一切都向他欢呼，欢呼……为什么……对了，他想起来了，反基督徒降临人间了，他们高唱着“和撒那，和撒那”……一切轰响着，世界在欢呼声中、音乐声中轰响……随后一切又突然归于寂静……有什么东西倒下了……是他自己，在房子前面倒下了……有人把他抬了起来……现在他又在房间里了……他睡了很久么，四周这么昏暗……立在那儿的钢琴，音乐！音乐……突然有人进来了……这不是欧佛贝克么……可他在巴塞尔，那么他自己，他……在哪儿……他糊涂

了……他们为什么那么古怪地、忧心忡忡地看着他？……然后是一辆车，车……铁轨多么奇怪地铿锵作响，就像是要唱歌一般……是啊，它们在唱他的刚朵拉船歌，他要和它们一起唱……在无边的黑暗中唱……

那以后是在另一个地方的房间里，永远是黑暗，黑暗。无论内外，再也没有太阳，再也没有光。在他下面的什么地方还有人在说话。一个女子——那不是妹妹么？可她走了呀，她不是远在异乡么——她在读书给他听……书？他不是也写过书么？有人温和地回答了他。但他再也听不懂了。如果谁的心灵曾有那样的飓风席卷而过，那么他对任何人类的声音都会充耳不闻。谁被魔鬼那样深深地凝望过，他就永远被灼瞎了双眼。

自由的引路人

"伟大"的含义：指明方向。

"在下一次欧洲大战之后人们就会理解我了。"在尼采最后的文字中有这样一句预言跃入我们的眼帘。因为确实，直到芸芸众生经历了世纪转折点那个风云变幻，险象环生的时代之后，这位伟大的警告者彪炳史册的真正意义才被人们认识到：整个欧洲令人窒息的道德气氛在这个天才的头脑中获得了淋漓尽致的宣泄——那是人类思想中掀起的狂澜，它先于现实中的狂风暴雨。当别人还蜷缩在空洞、虚妄的炉火边取暖，尼采"思虑深远"的目光已看到危机及其根源了，那就是"民族心灵之上的疥癣、血液中毒，使得各民族彼此避之唯恐不及"；正当其他一切力量都在蒸蒸日上之时，用"蠢牛式的民族主义"，除了向来如此的唯我独尊，就没有一点长进。当他发现那企图将"欧洲小国寡民、四分五裂的状态沿袭到永远"，维护建立在唯利是图基础之上的道德的垂死挣扎，他痛心疾首地发出大难即将临头的警告："这种荒谬的状况不能再持续下去了"，他激动地用手指在墙上写着，"我们已经如履薄冰了，已经感觉到解冻的风那温暖的危险的呼吸。"没人能像尼采那样觉察到欧洲社会大厦将倾的噼啪作响并绝望地向全欧洲大声疾呼，呼吁时代远离那沾沾自喜的乐观主义，逃向诚实、清醒和精神的自由。没有人比他更强烈地感觉到。一个腐朽的时代已行将就木，而一个强盛的新时代正初露锋芒：我们现在才知道了这一点。

这一存亡绝续的时刻，他用自己的生命去思考、去体验，他的伟大、他的英勇就体现在这里。那蹂躏他的精神，并最终使其崩溃的巨大压力，将他与更高的力量联结在一起——那压力不是别的，就是世界罹患的毒瘤破裂前发作的高烧。精神的鹰隼总是在风云突变、狂澜乍起的前夕就展翅飞翔，而盲众蒙昧的信仰中，总有彗星在战争和危机爆发前拖着血染的轨迹划过夜空。尼采就是这样一个更高力量的先兆，是山雨欲来时天际的闪电，是山谷里暴雨倾盆前山间呼啸的狂风，没有人如此准确地预感到我们的文明正面临着洪灾的肆虐。但这是精神的永恒悲剧：它那高瞻远瞩的疆界并没有扩展到时代那凝固浑浊的空气之中，虽然精神的苍穹之中，已预感到窒闷的纯而又纯的空气。

你可以在这英雄的广阔天地里纵目远眺，直望九天之上。呼吸到透明清晰到极点的利剑般凛然的空气，一种为坚强的心脏和自由的灵魂准备的空气。

自由，这永远是尼采最高的意义——他生命的意义、他毁灭的意义：就像大自然用热带的旋风暴进行自我破坏，以发泄它积蓄过多的能量，精神也需要一个魔鬼式的人物，不时奋起反抗传统思想的势力和单调乏味的道德，那是一个捣毁世界也捣毁自我的人；比起那些雕塑家、画家来，这英勇的叛逆者也是毫不逊色的创造者。如果说前者昭示了生活的丰富多彩，后者则指出生命的无限深邃。

是啊，只有通过这些悲剧性人物，我们才真切地测出感觉的深度；唯有借助不羁的人，我们才能最大限度地认识人类。

意义，[illegible]，[illegible]

多的能量，精神[illegible]人物，[illegible]作品[illegible]

的[illegible]力和[illegible]，[illegible]的人，[illegible]

[illegible]创造者

如果[illegible]，[illegible]。

这[illegible]，[illegible]

[illegible]

夺取南极的斗争

千万年来人迹未至，或者说亘古以来从未被世人看过一眼的地球的南极点，竟在1个分子量的时间内——即15天内两次被人看到，而他们（斯科特一行）恰恰就是那第二批到达的人。

今天，极点科学站的名字是“阿蒙森——斯科特”。

征服地球

20世纪视野中的世界几乎已无秘密可言。所有的陆地都已被勘察过了，再辽远的海洋上也有船只在扬帆破浪。那些在上一代人以前还不为世人知晓、恍如神话国度般虚无缥缈的地方，如今都已俯首贴耳地在为欧洲所需而服务；轮船正畅通无阻地驶向长期以来寻找的尼罗河的不同源头。半个世纪之前才被第一个欧洲人看到的维多利亚瀑布，如今正温顺地推动轮盘发出电力；亚马孙河西岸最后的原始森林已在人类的刀斧下日渐稀疏；唯一的处女地——西藏也已被人揭开了神秘的面纱。老地图和旧的地球仪上那片所谓“人迹未到的地区”纯属被专家夸大了的，20世纪的人类已经十分了解自己生存的这个星球了。

探索的意志不停地寻找新的方向，向下要去探索深海中奇妙的动物，向上要去探索无穷尽的苍穹，因为自从地球对人类的好奇心暂时变得没有吸引力以来，未曾涉足的领域只有在太空中才能找到，所以，航天器的钢铁翅膀已争相飞上天空，试图达到新的高度和新的远方。

然而，直到我们这个世纪，赤裸的地球还隐藏着最后的一个秘密，不让人类窥视。这就是她那被划分得七零八落的躯体上两块极小的区域，是她从自己造物的贪欲中拯救出来的两块地方：南极和北极——她胴体的脊梁。千万年以来，地球正是以这两个抽象的几乎没有生命存在的极点为轴线旋转着，并守护着这两片纯洁的土地免于人类的亵渎。她用一层层的冰障掩藏着守护着这最后的秘密，面对贪得无厌的人类，她派遣永恒的冬天做守护神，用酷寒和暴风雪筑起最坚固雄伟的堡垒，挡住通向那里的道路。死亡的威胁和极度的危险使勇士们望而却步。只有太阳自己才可以匆匆瞥一眼这永远禁闭着的区域，而人类的目光还从未一睹它的真容。

近几十年来，探险队前仆后继，但没有谁能如愿以偿。勇士中的勇士——安德拉的尸体在巨冰铸就的水晶棺材里静卧了33年，现在才被发现。他曾试图驾驶飞艇飞越北极圈，但却再也没有回来每一次勇敢的冲击都被由严寒铸成的晶莹壁垒撞得粉碎。从古至今，地球的这一区域一直遮在那层神秘的面纱后，成为她对自己造物欲望的最后一次胜利。她犹如处女一般，在人类的好奇心前保持着自己的圣洁。

但是，年轻的20世纪已迫不及待地伸出了他的双手。他在实验室里制造了新型武器，为抵御危险而找到了新的铠甲，而所有的艰难险阻只能更激起他的热望。他要知道一切的真相。他要在他的头一个十年里就获取以往千万年里也未能得到的一切。个人的勇气中又掺杂了国家间的竞争。他们的竞争，已不再仅仅是为了夺取极地，同时也是为了抢先在这块新领域上第一次升起自己的国旗。于是，为了争夺这块由于热望而愈发神圣的地方，由各民族、各国家组成的“十字军”开始出征了，从世界各大洲发起了一次又一次的冲击。人类已经急不可待了，因为他们明白这是我们生存空间的最后秘密。从美国向北极前进的有皮尔里和库克；而驶往南极的有两艘船：一艘由挪威人阿蒙森指挥，另一艘由一名英国人——斯科特海军上校率领。

斯科特

斯科特，英国皇家海军上校，一名极为普通的海军上校。他的履历表如同军衔表一样简单。他在海军的服役令上级深为满意，后来又同沙克尔顿共同组织过探险队，没有任何迹象能显示出他是位与众不同的英雄。照片上的他，同千万个英国人一样，冷峻、严肃、刚毅的脸上没有什么表情，好像脸部肌肉被内在力量凝固住了似的。青灰色的眼珠，抿得紧紧的嘴巴。脸上找不到一丝浪漫主义的线条和轻松愉悦的色彩，只能表露出一种坚强的意志和思考现实世界的思想。他用英文的某一种字体来写字，笔画清晰且没有复杂的花饰，写得快而工整。他的文风也极其简洁精确，像一份报告似的以真实性感人而绝不掺杂任何主观臆想。斯科特写的英文就像塔西佗写的拉丁文一样质朴，给人感觉这是一个讲求实际而完全没有梦想的人。在英国，即使是那些具有非凡天分的人物也都像水晶石一般刻板，把所有的一切都提升到尽职尽责的高度。

斯科特就是这样一位地道的英国人。他和英国历史产生过上百次的关联。他出征到过印度，征服过诸多星罗棋布的岛屿；他随殖民者到过非洲，参加过无数次的世界性战役。但无论在何处，他都带着一脸的冷峻、矜持，也同样带着坚定的意志和集体观念。

不过，人们早已在一些事实中感觉到了他那种钢铁般的意志。现在，斯科特要去完成沙克尔顿已经开始的事业。他要组织一支探险队，可是缺乏资金。这没有难住他。他献出了自己的财产，还借了债，因为他坚信自己有成功的把握。他年轻的妻子为他生了一个儿子，但他并没因此而犹豫不前，他像又一个赫克托耳似的离开了自己的安德洛玛克。没多久，朋友和搭档也找到了，这世上再没有什么能动摇他的意志了。

他们乘坐一艘奇特的名叫“新地”号的船到达冰海边。之所以说这船奇特，是因为它有双重的装备：一半像挪亚方舟那样装载活的动物，一半是一个装备了成千件仪器和大量书籍的现代化实验室。因为除了人为了维持生命所必需的一切，还有精神食粮也必须带往那寂寥无边的世界去。有趣的是，在新时代最精良复杂的技术装备中，还掺进了原始人最简陋的防御工具——兽皮、皮毛、活的动物。而整个探险行动本身也如同这艘船一样带有双重面貌、奇特色彩：这是一次冒险的行动，但同时又是像一桩生意似的被盘算得十分仔细的行动；这是一次大胆的行动，但同时又是一次极其小心谨慎的行动——每一个细节都已算计得十分精确，但发生意外的可能性仍然让人防不胜防。

1910年6月1日，他们挥别英国。正值盎格鲁·撒克逊这个岛屿王国阳光明媚的日子。芳草萋萋，鲜花遍野，温暖的太阳高悬在万里无云的天空，光辉灿烂。当海岸线从他们的视野里渐渐消失时，他们的心情实在无法平静，因为每个人都明白，这一别，就要离开阳光和温暖好几年，而对他们中的有些人而言，也许就是永别了。但船头那面猎猎飘扬的英国国旗却使他们想到，这面旗帜将跟随他们去占领地球上唯一的一处迄今还没有主人的地方时，他们也就释然了。

南极世界

短暂的休整之后，他们于1911年1月在麦克默多海湾新西兰的埃文斯角登陆，这里便是终年冰封的极地边缘。他们在这儿建起了一座以备过冬的木板屋。12月和1月在这里算是夏天，因为一年之中只有这段时间会有太阳在金属般苍白的天空中停留几个小时。房屋的四壁由木板构造，跟以往探险队使用的墓地房屋完全一致，但是在这座木板屋中。人们明显感觉到了时代的进步。他们的先驱者使用的是气味难闻的鲸油灯，一灯如豆，呆坐在漆黑的斗室中，使他们对自己的终日所见烦不胜烦，日复一日没有太阳的单调日子使他们疲惫不堪。

现在则不同了，这些20世纪的探验者能在四面板壁之内看到整个世界和全部科学的缩影。一盏乙炔电石灯发出白亮的光辉，电影放映机像变魔术似的把远方的影像，从温带捎来的热带画面呈现在他们面前，一架自动奏乐的钢琴演奏着音乐，留声机播放着歌声，各类书籍传播着时代的种种知识，一个房间里的打字机在“噼噼啪啪”作响，另一个房间是小型暗房，在这里洗印影片和彩色胶卷，一名地质学家在用放射性仪器检验岩石，一名动物学家在捕获的企鹅身上找寻着新的寄生物，气象观测和物理实验互相交换着研究数据。

在黑暗覆盖南极大地的几个月里，每个人都有自己的研究课题，并能彼此间巧妙地联系起来，把孤立的探索变成共同的知识财富。每天晚上，这30个人都会各自做出专门报告，在这巨冰的层层屏障和极地的酷寒之中进修着大学的课程。每个人都竭尽所能把自己掌握的知识传授给别人，在热烈交流的气氛中完善自己对世界的认识。由于研究的专门化，没有人会以学识傲人，他们只希望能在集体交流中获益。这30个人就是这样完全处于史前世界的自然状态中，在这没有时间概念的无边寂静中，相互交换着20世纪的最新成果，而恰恰是在这些成果中，他们不仅能感觉到世界时钟的每一小时，而且可以感觉到每一秒钟。

这群严肃刻板的人还在那里兴致盎然地欢度了圣诞节，并且他们还编辑了一份风趣的小报，诙谐地称它为《南极时报》，在上面他们愉快地开着玩笑。在那里，一件很小的事情——比如，一头鲸鱼浮出水面，一匹西伯利亚矮种马滑了一跤——都变成了头条新闻，而相反的是，那些非同寻常的事情——比如，绚烂的极光、可怕的严寒、极度的孤独寂寥——反而变得司空见惯和不足为奇。

在此期间，他们只敢尝试小规模的外出活动，试验机动雪橇、练习滑雪和驯狗，并为日后的远征修建仓库。可是在夏季（12月）来临之前的日历却撕去得极为缓慢。只有到了夏天，那艘带家信的船才能小心地穿过巨冰浮动的大海来到这里。现在，他们开始敢分小组出去活动了。在凛冽的寒季中练习白天行军，试验各种类型的帐篷，逐渐积累经验。当然，他们尝试做的所有事并非件件称心如意，但正是无数的困难给他们增添了新的勇气。当他们从外面活动归来时，全身早已冻僵，精疲力竭，但总有热情的欢呼和暖烘烘的火炉在迎接着他们。在经历了几天的饥寒交迫之后，他们觉得，这座建在南纬77度线上的小木板屋是世界上最舒适的安乐窝。

但是，有一天，从西边回来的探险小组带来一个令整个屋子顿时鸦雀无声的消息：在途中发现了阿蒙森的冬季营地。斯科特马上意识到，除了南极的严寒和来自大自然的危险之外，还有一个人在向他提出挑战，要夺去他作为第一个发现地球最后一个秘密的人的荣誉。这个人就是挪威的阿蒙森。斯科特在地图上一遍遍地测算着。当他发现阿蒙森的冬季营地比他自己的冬季营地离南极一百多公里时，他惊呆了，但他并没有气馁。“为了祖国的荣誉，振作起来！”——他在日记中自信地写道。

阿蒙森的名字在斯科特的日记中只出现过这唯一的一次。但人们能感觉到，从此以后，这座被冰天雪地和无边孤寂包围着的小屋上空又罩上了一层忧虑的阴影，阿蒙森的名字令他寝食难安。

向南极点进发

在离木板屋五百米远的观察高地上，守望人员不断地轮换着。一台孤零零地架在高坡上的仪器，好像一门对准看不见的敌人的大炮，这是一台用来测试正在临近的太阳最初光线的仪器。他们从早到晚守候着太阳的出现。

宛如黎明的天空中变幻着五彩缤纷的反光，圆圆的太阳虽然还是没有从地平线升起。但是，这辉映周天的奇异彩光，这太阳反射的先兆，已经令这群迫不及待的人欣喜欲狂。电话铃终于响了，从观察高地的顶端向这些兴高采烈的人传来这样的消息：太阳出来过了，几个月以来，它第一次在这寒季的漫漫长夜里露了一小时的脸。太阳的光线虽然还非常微弱、惨淡，还不能使这冰冷的空气复活，那微漾的光波几乎没有使仪器产生摆动的信号，但是，仅仅是看到了太阳这一点，就足以使人兴奋不已。

为了充分利用这短暂的有光线时间——尽管这段时间按照我们

通常的生活概念来说还是冷得可怕的冬天，但在那里却意味着春、夏、秋一齐来到了——探险队开始了紧张的准备工作，前面是机动雪橇在“嘎嘎”地发动着，后面跟着西伯利亚矮种马和爱斯基摩狗拉的雪橇，他们预先周密地将整个行程分作几段，每隔两天路程设置一个贮藏点，为以后返程者准备好新的服装、食物以及最为重要的煤油——无边的寒气中液化了的热量。因为虽然是全部人马一起出发，却将是逐渐分批回来，所以要给最后回来的一个小组——挑选出来去征服极点的人——留下最充足的装备、最强壮的牵引牲畜和最好用的雪橇。

尽管计划制订得无比周详，甚至连可能发生的各种意外的细节都考虑到了，但还是出了纰漏。

两天的行程下来，机动雪橇全都出了故障，趴在雪地上，成了一堆无用的废物；西伯利亚矮种马也不像预期的那么好。不过，这种有机物工具在这种地方要比机械工具多出一个好处，因为即使不得不在途中杀掉这些病马，还可以给狗提供几顿热乎乎的美餐，以增加狗的体力。

1911年11月1日，他们分成几个小组出发了。从拍摄的电影画面上看，这支独特的探险队开始时有30人，然后是20人、10人，最后只剩下5个人，在那看不到生命痕迹的史前世界白色的大地上踽踽前行。走在队伍最前面的一个人，用毛皮和布块把自己裹得严严实实。只露出眼睛和胡须，看上去像个野人。一只包在毛皮里的手牵着一匹西伯利亚矮种马的笼头，马拖着装得满满的雪橇。他后面的是一个同样装束、同样姿势的人，这个人的后面又是一个这样的人……20个黑点在无垠的耀眼的白色雪原上连成一条线。夜里，他们钻进帐蓬之前，为了保护好那些西伯利亚矮种马，朝着迎风的方向筑起雪墙以抵挡寒风侵袭。第二天清早，他们又踏上征程，怀着孤寂、悲凉的心情穿过这亘古以来第一次被人类呼吸着的冰冷的空气。

但是让人担心的事越来越多。天气一直十分恶劣，有时他们每天只能走30公里而不是40公里。每一天的时间对他们而言都显得越发宝贵，因为他们知道，在这片空旷的寂寥之中还有另一个看不见的人正从另一个侧面向同一个目标挺进。

现在，每一件小事都会酿成大的危险。一条爱斯基摩狗跑掉了，一匹西伯利亚矮种马不愿吃东西——所有这些都会使人忐忑不安；在这渺无人迹的冰原上，一切有用的东西都变得极其珍贵，尤其是有生命的东西更成了无价之宝。因为它们是没法再补充上的。或许那名传千古的成功就系在一匹矮种马的四只蹄子上，而风雪弥漫的天空则很可能使一项不朽的事业功败垂成。

就在此时，探险队员的健康状况也出问题了：一些人患了雪盲症，还有些人冻伤了四肢。西伯利亚矮种马也越来越精疲力竭，因为可以供给它们的饲料日渐匮乏了。最后，刚刚走到比尔兹莫尔冰川脚下，这些马就全部死去了。这些马和探险队员在这片孤独的冰原中共同生活了两年，早已成为他们的朋友。每个队员都叫得出马的名字。他们曾无数次地充满温情地抚摸过它们，但是此时他们却不得不去做一件令人悲伤的事——在这个地方把这些忠实的牲畜杀掉。他们称这伤心地为“屠宰场营地”。就在这鲜血淋漓之地，一部分探险队员要离开队伍，向回走去，而其他队员则要去做最后的努力，翻过比尔兹莫尔冰川的那段险恶路程。这是南极为保护自己而筑起险峻的坚冰壁垒，只有人类无比强烈的意志之焰能冲破它。

他们每天行进的里程越来越短，这里的雪被冻成坚硬的冰碴，他们也无法再滑着雪橇前进，只能拖着雪橇走了，锋利的冰凌划破了雪橇板，走在沙砾般尖锐的雪地上，他们的脚被磨破了，但他们并未屈服。12月30日，他们到达南纬87度，这是沙克尔顿到达的最远点。最后一批支援人员也必须在此处向回走了；只有5个挑选出来的人可以一直走到极点。斯科特挑出了他认为不合适的人员，这些人虽然不能违拗，但心情自然十分沉重。终点近在咫尺，却不得不返回，而把第一批看到极点的人的荣誉让给别人，然而，事情已经定下来了。他们互相又握了握手，用男人的坚强掩饰起自己内心的激动。

这一小队人最终又分成更小的两组，一组向南进发，走向一切未知的南极点；一组向北，返回自己的营地。他们不时地从两个方向回转身来，为的是最后看一眼活着的朋友。渐渐地，最后一个人的身影也消失了。他们——5名选拔出来的人：斯科特、鲍尔斯、奥茨、威尔逊和埃文斯继续向寂寞了千万年的一切未知的南极点走去。

南极点

最后几天的日志流露出他们越来越感到不安。他们像放在南极附近的罗盘上的蓝色指针一样开始颤抖。“身影从我们的右侧向前移，然后又从左边绕过去，在我们身子周围极其缓慢地转一圈，而这段时光却漫长得没有尽头！”然而，希望的火花也在日志的字里行间闪出越来越明亮的光芒。

斯科特越来越起劲儿地计算着剩下的路程：“只剩下150公里的路程就到达极点了。可是如果这样走下去，我们真是无法坚持了”——日志中又这样记载着他们累得无法忍受的状况。两天后的日志这样写着：“还有137公里就到极点了，但是对于我们来说，这段路将是最艰难的。”然而，在这之后的日志里突然又出现了一种新的、充满必胜信念的声音：“只要再走94公里就到达极点了！即使我们走不到那里，我们也已经离那里非常非常近了。”1月14日，希望变成了一件很有把握的事：“还剩70公里，我们就能到达目的地了！”第二天的日志里则洋溢着轻松愉快的喜悦心情：“离极点只剩下50公里了，不管怎样，我们就要到了！”

从这振奋人心的字句中，人们可以感觉到他们心中的希望之弦绷得多么紧，好像他们的全部神经都因期待和焦急而颤抖。胜利在望：他们已把探索的双手伸到地球藏起的这个最后秘密之所在，只需再使一把劲儿，目的地就达到了。

1月16日

“精神振奋”——日志上这样记载着。1月16日，他们清晨就上路了，为了早一点揭开光彩夺目的秘密，他们出发得比平时要早。急迫的心情早早地把他们从自己的睡袋中拽了出来。到中午时，这5个坚忍不拔的勇士已经走了14公里。他们情绪高昂地在这渺无人迹的白色冰原上行进，因为现在再也不可能达不到目的了，为人类做出非凡贡献的关键时刻就要到了。突然间，探险队员中的鲍尔斯产生了不安情绪。他的眼睛紧紧盯着茫茫雪原上的一个小黑点。他不敢说出自己的猜想：可能有人在那儿树了一个路标。但现在其他的人也都想到了这可怕的一点。他们的心在战栗，只不过还想尽量自我安慰一番——就像鲁宾孙在荒岛上发现陌生人的脚印时竭力想把它看成是自己的脚印一样，当然这是无济于事的——他们对自己说，这一定是一条冰的裂隙，或者是某件东西的投影。他们神经紧张地步步走近。同时还不断自欺欺人，其实他们心中已有答案：以阿蒙森为首的挪威人的探险队已率先抵达这里了。

没过多久，他们看到了在雪地上插着一根绑有一面黑旗的滑雪柱。周围有他人扎过营地的痕迹——滑雪屐的划痕和许多狗的脚印。严酷的事实摆在面前，不容置疑：阿蒙森在此处扎过营地。

千万年来人迹未至，或者说亘古以来从未被世人看过一眼的地球的南极点，竟在一个分子量的时间内——即15天内两次被人看到，这在人类史上也堪称史无前例、不可思议的事。而他们恰恰就是那第二批到达的人，他们仅仅迟到了一个月。虽然已逝的岁月可以几百个月计。但对于现在迟到了的一个月来说，一个月，实在是太晚太晚了——对人类而言，第一个到达者拥有一切，第二个到达者没有任何意义。而他们却正是人类到达极点的第二批人。

所有的努力都是徒劳，历尽的艰辛只显得十分可笑，几星期、几个月、几年的期待可以说是痴狂。“历尽千辛万苦、风餐露宿、百般烦忧痛苦——这一切究竟为的是什么？不就是为了心中的梦想，而如今梦想破灭了。”——斯科特在他的日记中这样写道。他们的泪水潸然而下，尽管已疲惫不堪，但这天晚上他们仍然夜不能寐。像得到了宣判似的，他们已不再抱有希望，闷闷不乐地继续走着通向极点的最后一段路程。他们曾无数次设想过：欢呼着冲向极点。没有人想去安慰别人。他们只是沉默着，拖着自己的脚步向前走。

1月18日，斯科特海军上校和他的四名伙伴抵达极点。由于自己已非第一个到达者，所以这里的一切都不再耀目。他只是用冷漠的目光看了一眼这块伤心地。“这里看不到任何东西，和前些天令人

毛骨悚然的单调没有什么区别。”——这就是罗伯特·福尔肯·斯科特对极点的全部描绘。

在那里，他们发现的唯一特别的东西，不是大自然的产物，而是由竞争对手留下的，那就是飘扬着挪威国旗的阿蒙森的帐篷。挪威国旗意气风发、豪情万丈地在这被人类冲破的堡垒上猎猎作响。它的占领者还在这里留下一封信，等待第二名不相识的到来者，他坚信这第二名一定会随他之后抵达这里，所以他请后来者把这封信带给挪威的哈康国王。斯科特接受了这项任务，他要忠实地去完成这一悲壮的职责：在世人面前为另一个人完成的功业作证，而这一功业正是他竭力求索的。

他们怏怏不乐地在阿蒙森的胜利旗帜旁边插上英国国旗——这面姗姗来迟的“联合王国的国旗”，然后就离开了这块“辜负了他们雄心壮志”的地方。凛冽的寒风呼啸着从他们的身后刮来，斯科特怀着不祥的预感在日记中写道：“回去的路程令我感到非常恐惧”。

罹　难

归来路程中的危险增加了十倍。因为在前往极点的途中他们依靠指南针的指引，而现在，除了依靠罗盘之外，他们还必须沿着来时的足迹往回走。在以后的行程中，他们必须小心翼翼地绝不能离开自己来时的足迹，以免错过事先设置的贮藏点，那里有他们储藏的食物、衣服和凝聚热量的几加仑煤油。但是弥漫的风雪遮住了他们的眼睛，使他们每走一步都忧心忡忡。因为一旦偏离了方向，错过了贮藏点，则意味着径直走向死亡。况且，他们体内已失去了来时的那种充沛的体力，因为当时丰富的营养所含有的化学能和南极之家的温馨营房都曾给他们带来了活力。

不仅如此，他们心中坚不可摧的意志也已松懈。来的时候，他们怀着无限憧憬，这体现着全人类的渴求和期盼的憧憬给他们增添了无穷的力量。当他们想到自己是为了人类的不朽事业而斗争时，也就有了超人的力量。可现在，他们仅仅是为了自身的皮肤不受损

伤、为了自己那终将死去的肉体的生存、为了没有任何荣耀的归来而与大自然搏斗。说不定在他们的内心深处，与其说是盼着回家，毋宁说更怕回家哩。

阅读那几天的日志是令人胆战心惊的。天气变得愈发恶劣，寒季比平常来得更早。脚下的白雪已由软变硬，凝结成厚厚的冰凌，脚踏上去就像踩在三角钉上一样，每移动一步，鞋就会被粘住。钻入肌骨的寒冷吞噬着他们已极度疲惫的躯体。所以，每当他们在经历了几天的逡巡不前和走错路之后到达一个新的贮藏点时，他们会稍微感到高兴，日志的字里行间会重新闪现出信心的火花。在一片令人毛骨悚然的寂寞之中始终只有这几个人在不停地行走，他们的英雄气概委实令人敬佩。最能验证这点的莫过于负责科学研究的威尔逊博士，他在离死亡只有咫尺之遥的时候，还没有间断自己的科学观察，在自己的雪橇上除了一切必备的载重之外，还拖着16公斤重的珍贵岩石样品。

然而，人的勇气终于渐渐地被大自然的巨大威力销蚀。南极是冷酷无情的，它像神灵一般唤来酷寒、冰冻、飞雪、风暴——用这些令人恐怖的法术来对付这5个胆大鲁莽的勇士。他们的双足早已冻烂；食物的配给越来越少，一天只能吃一顿热餐，缺乏热量使他们的身体变得异常虚弱。一天，伙伴们惊恐地发觉，他们中最身强力壮的埃文斯突然神志失常。他站在那里一动不动，嘴里不停叨咕着，抱怨他们经受的种种苦难——有的是确有其事，有的却是幻觉。从他语无伦次的话里，他们终于明白，这个不幸的人不知是由于摔了一跤，还是由于巨大的痛苦，已经疯了。现在该怎么办？将他抛弃在这没有生命的冰原上？不能。可他们又必须不假思索迅速地赶到下一个贮藏点，要不然……从日志中看不出来斯科特想要怎么办。2月17日夜里1点钟，这位不幸的英国海军军士死去了。那天，他们刚刚走到“屠宰场营地”，找到上个月屠宰的矮种马，第一次吃了较为丰盛的一餐。

现在，在继续行走的只剩下4个人了，但又一个灾难降临了。他们在下一个贮藏点又感受到新的痛苦和失望。这里储存的煤油太少了，这也就意味着，他们必须精打细算地使用这最必需的物质——燃料，他们必须节省热能，而热能恰恰是他们抵御严寒的唯一武器。在冰冷的黑夜里，听着四周那狂啸不停的暴风雪，他们胆怯地睁着双眼无法入睡，他们几乎没有力气再把毡鞋的底翻过来。但他们仍然继续拖着自己往前走，他们中的奥茨已在用冻掉了脚趾的双足行走着。风刮得比任何时候都要猛烈，3月2日，他们到达了下一个贮藏点，但在那里，他们再次感到恐怖和绝望：储存在那里的燃料又是非常之少。

现在，他们的恐慌已到了极点。人们可以从日志中觉察到斯科特如何竭力掩饰着自己的恐惧，但是从那故作镇静的言辞中还是不时迸发出绝望的尖厉的呼叫：“再这样下去，就没救了。”“上帝保佑呀！我们再也无法忍受这种劳累了。”“我们的戏将要悲惨地结束。”最后，日记中终于出现了可怕的自白：“唯愿上帝保佑我们，现在，我们已很难期望得到人的帮助了。”不过，他们仍然拖着疲惫不堪的身体，咬紧牙关，继续在绝望中前行。

奥茨已越来越走不动了，他越来越成为朋友们的拖累，而不再是什么帮手。一天中午，气温达到零下40度，他们不得不放慢走路的速度。不幸的奥茨心里清楚，这样下去，他会给朋友们带来厄运，于是他做了最后的准备。他向负责科学研究的威尔逊要了10片吗啡，以便在必要时快些结束生命。

他们陪着这个病人又万分艰难地走了一天，接着这个不幸的人要求他们将自己留在睡袋中，把自己的命运和他们的命运分开。但是被他们坚决拒绝了。于是病人只好拖着冻伤的双足踉踉跄跄地又走了若干公里，一直到宿夜的营地。第二天的早晨，他们起来后，朝外一看，外面是狂风怒号的暴风雪。

突然，奥茨站起身来，对朋友们说："我要到外边去走走，可能时间要长一些。"其他人不禁战栗起来。谁都知道在这种天气下到外面去走走意味着什么。但是没有人敢说一句劝阻他的话，也没有人敢伸出手来向他告别。他们只是怀着敬畏的心情感觉到：劳伦斯·奥茨——这个英国皇家禁卫军的骑兵上尉正以一个英雄的形象慷慨赴死。

现在，只剩下3个疲惫之极、羸弱不堪的人艰难地拖着自己的身体，穿越那无边无际像铁一般坚硬无比的冰雪荒原。他们已是万分疲倦。不再怀有任何希望，只是在迷迷糊糊的状态下靠着直觉支撑着身体，步履蹒跚地向前走。天气愈来愈恶劣，而每到一个贮藏点，迎面而来的都是新的绝望，好像命运在故意捉弄他们似的，留在那里的只有极少的煤油，即热能——那液体的热量。

3月21日。他们距离下一个贮藏点只剩下20公里的路程了，但要夺人性命的暴风雪却刮得异常凶猛，使得他们无法走出帐篷。每天晚上，他们都希望第二天就能到达贮藏点，可是到了第二天，除了吃掉一天的口粮之外，只能把希望寄托在第二个明天。他们的燃料已经告罄，而温度计却指在零下40度。所有的希望都破灭了。现在，他们只能在两种死亡方式间做出选择：饿死抑或冻死。一望无际白茫茫的原始世界包围着他们，3个人在小小的帐篷中同死神进行了八天的斗争。

3月29日，他们知道，再也不能获得任何奇迹般地拯救了，于是决定，不再迈步走向死亡的深渊，而是骄傲地在帐篷中静候死神的来临，不管将要忍受多少痛苦。他们各自爬进自己的睡袋中，自始至终没有向世界发出过一声对自己最后所遭受的种种苦难的哀叹。

斯科特临死时的书信

暴风雪如同狂人一般在薄薄的帐篷外肆虐，死神一步步走近他们。在这种时刻，斯科特上校回忆了与自己相关的一切。因为只有在这种从未被人的声音划破过的极度寂静中，他才能悲壮地体味到自己对祖国、对全人类的感情。在这雪野无边的荒漠上只剩下心灵深处的海市蜃楼，它召来那些因爱情、忠诚和友谊而同他联系起来的各种人的形象，他给所有这些人写了留言。海军上校斯科特在他濒临死亡边缘时用冻僵的手指给他所爱的一切活着的人写了书信。

那些书信感人至深。一个人行将就死，而信中却丝毫没有缠绵悱恻的情怀。似乎信里也浸润了那没有生命的天空中清澈的空气。那些信虽是写给他所认识的人的，然而又是说给全人类听的；那些信是写给那个时代的，然而所说的话又是流芳百世的。

他写信给自己的妻子。他嘱咐她要照看好他最宝贵的遗产——儿子，他关照她最主要的是不让孩子懒散。在他完成人类历史上最崇高的事业之后，他竟写了这样的自白：“你是知道的，我不得不强迫自己不断求索——因为我总是喜欢懒散。”在他即将死去时，他仍然为这次远征感到骄傲而不是遗憾，“关于这次远征的一切，我能告诉你什么呢？它比舒舒服服地坐在家里不知要好多少！”

他满怀真诚的友情写信给那几个同自己一起罹难的伙伴们的妻子和母亲，为他们的英勇精神作证。尽管他将要死去，但他却以高尚、超人的感情——因为他觉得这样死去是值得纪念的，这个时刻是值得骄傲的——去慰藉那几个伙伴的遗属。

他写信给他的朋友们，在谈到自己时非常谦逊，在谈到整个民族时却充满自豪和骄傲。他说，此刻，他为自己是这个民族的儿子——一个称得上儿子的人感到无比欣慰。

他写道：“我不知道，我是否能称得上是位伟大的发现者，但我们所做的一切将证明，我们的民族还没有丧失那种勇敢精神和忍耐力量。”临死时，他还对朋友做了真诚的表白，这是在他一生中由于男性的刚毅，心灵的坚贞而难以说出口的话。他在给最好的朋友的信中写道：“在我的一生中从未遇到一个像您这样令我钦佩和敬重的人。只是我从未向您表达过，您的友情对我而言具有难以替代的价值，因为您给予我很多，我却没有什么可以给您。”

他的最后一封信，也是最精彩的一封信，是写给他的祖国的。他认为有必要强调，他虽然在这次为英国争取荣誉的斗争中失败了，但却无个人的过错。他详细列举了招致失败的种种意外事件，并满含悲怆地用临死者的特有情怀请求所有的英国人不要抛弃他的

遗属。在最后的时刻，他想到的仍然不是自己的命运，而是那些活着的人："看在上帝的面上，请务必要关照我们的家人！"后面是几页空白的信纸。

海军上校斯科特一直到他生命的最后一刻还在写着日记，直到他的手指被完全冻住，笔从僵硬的手中滑落为止。他希望将来人们能在发现他的尸体时，看到这些证明他和英国民族的勇气的日记，正是这种希望支撑着他以超人的毅力将日记写到最后一刻。

最后的一页日记是他用冻伤了的手指颤抖着写下的愿望："请把这本日记交给我的妻子！"但随后，他又悲伤而坚定地划去"我的妻子"这几个字，在字的上面补写了可怕的"我的遗孀"。

回　答

待在基地木板屋里的同伴们等了好几个星期，开始还满怀希望，接下来便有些担心，最后便越来越感到不安。他们也曾经两次派出救援队来接应，但极其恶劣的天气使他们又退了回来，这些没有了队长的队员们在屋里白白地熬过了整个漫长的寒季。他们的心里都蒙上了一层灾难的荫翳。在这几个月里，有关罗伯特·斯科特海军上校的命运和事迹一直被封存在冰雪和寂静之中。想必晶莹的冰已经把他们封在透明的水晶棺材里了。

南极的春天终于到来了，10月29日，一支探险队终于出发了，他们至少要去找到那几位英雄的尸体和获得他们的情况。11月12日，他们到达了那个帐篷，发现英雄们的尸体已经在睡袋里冻僵好久了。死去的斯科特紧紧搂着威尔逊，好像亲兄弟一样，他们找到了那些书信和文件，并且为这些悲壮地在此处长眠的英雄们垒了一个石头坟墓。在堆满白雪的坟墓顶上插着一个简陋的黑色十字架。

直到今天它还孤独地矗立在那里，好像这银白的世界将要永远保存着这件人类历史上那一次英雄业绩的物证。

但是，他们的事迹并没有被严寒的世界冰封得太久。他们出乎意料地、奇妙地又复活了。这是我们新时代的科技创造出来的精彩奇迹。朋友们把那些底片和电影胶片带了回来，在化学溶液里显出了图像，于是人们再一次看到了走在无垠的雪野中的斯科特和他的伙伴们，并且发现，目睹南极风光的除了他以外，还有另一个人——阿蒙森。

斯科特的遗言和书信通过电线迅速传回了对他们赞叹不已的世界，在英国国家主教堂里，国王跪下来由衷地悼念这几位英雄。因此，我们可以说，看起来徒劳无功的事业会再次结出成果。一件迟误了的行动也会变成对人类的大声疾呼，希望人类把自己的力量集中到那些尚未实现的目标上。悲壮的失败，虽败犹荣，失败中会激起人们攀登无限险峰的信念，因为只有雄心壮志才会点燃起充满激情的心，去做那些绝非轻而易举、一蹴而就的事业。一个人虽然在同难以战胜、占绝对优势的厄运的搏斗中殉难，但他的心灵却因此而变得更加崇高。所有这些在任何时代看来都是最伟大的悲剧，对一个作家而言不过需要去创作它们，而生活本身创造出的悲剧却要比这些作品多上一千倍。

封闭的列车

列宁决心铤而走险. 执意去做这种若按现在的法律观念衡量，会被视为叛国的事情。

站前广场人潮汹涌。成千上万的人们正在等候这位流亡归来的人。“震撼世界的10天”开始了……

一个住在修鞋匠家的人

瑞士，这一块小小的和平绿洲，周围却弥漫着世界大战的变幻风云，因而，在1915至1918的那几个年头里，瑞士也现出如同侦探小说里描述的惊险场面来。在豪华的旅馆里，敌对国家的使节们擦肩而过，好像互不相识，其实在一年前他们还友好地在一起玩桥牌并邀请对方到自己家中做客。这些旅馆的房间里时常溜出一些一闪而过、高深莫测的神秘人物。国会议员、秘书、外交官、商人、戴面纱或不戴面纱的夫人们。每个人都肩负着神秘的使命。从驶到这些旅馆门前的插着外国国旗的高档轿车里走出来的是工业家、新闻记者、文艺界名流。以及那些看上去只是偶尔出来旅游的人物。但是，他们中的每个人几乎都担负着同样的使命：要探听到一些消息。获取一些情报。甚至连引领他们去房间的门房和打扫房间的女仆，也都被逼着去做窥视和窃听的勾当。

敌对组织的活动遍及旅馆、公寓、邮局、咖啡馆。所谓宣传鼓励，其实质是间谍活动。往往是表面流露着友好，暗地里是出卖，所有这些来去匆匆的人所做的每一件公开的事情背后，都隐藏着第二件和第三件事。一切都被汇报上去了，一切都处于监视之中。无论是哪种身份的德国人，一到苏黎世。设在伯尔尼的敌方大使馆马上就能知道，一小时后，巴黎也知道了。各种各样的情报人员每天都把真实的或者编造的报告成册地递交给那些外交人员，再通过他们转送出去。没有一面墙壁不是透风的：电话被窃听，从字纸篓的废纸中和吸墨纸的墨痕上都会找到一条新消息，在这群魔乱舞的一片混乱中。许多人到最后连自己也已弄不清楚，自己究竟是猎手还是猎物，是间谍还是反间谍，是出卖者还是被出卖者。

不过，在这种环境里，关于一个人的密报却极少，或许是他太不引人注意吧。他既不住高档旅馆，也不泡咖啡馆，更不去看那些宣传演出，而是和自己的妻子完全隐居在一个修鞋匠的家里，住在利马特河后面那条既古老又狭窄、高低不平的斯比格尔小巷里的一幢房屋的三层楼上。像旧城里的其他房屋一样，这幢房子有着高耸的尖顶。建筑很结实，只是由于天长日久，加上楼下院子里有家熏香肠的小作坊，使得那房子相当黑。他的邻居有一个女面包师、一个意大利人和一个奥地利男演员。由于他不大和人说话，邻居们除了知道他是俄国人以及他的名字拗口之外，别的就不了解什么了。女房东从他简单的一日三餐和夫妇俩的旧衣着上看出他已在外流亡多年了，并且没有大笔款项或什么赚大钱的生意。这夫妇俩刚搬来时，全部家当还装不满一个小筐呢。

这个身材矮小的男人是那样不显眼，生活低调，尽量不引人注意。他摒绝社交，邻居们的目光很少能和他那眯缝着的双眼里深沉锐利的目光相遇，也很少有客人来找他。但是他生活得极有规律：上午9点去图书馆，在那里一直坐到12点图书馆关门；12点10分准时回到家中，12点50分再离开寓所，成为下午到图书馆去的第一个人，然后便一直在那里坐到晚上6点。况且情报人员只注意那些喋喋不休者。并不知道寡言少语、埋首读书、好学不倦者却往往是使世界发生变化的危险人物，所以，他们从未为这位住在修鞋匠家中的、毫不起眼的人写过报告。相反的是，在社会主义者的阵营中，人人都认识他。知道他曾做过伦敦的一家由俄国流亡者办的激进小刊物的编辑，是彼得堡某个念起来拗口的特殊党派的领袖；但由于他在评论社会主义政党里那些最著名的人物时语气生硬，态度轻蔑，并认定他们的方法是错误的，再加上他自己显得难以接近和完全不近人情，以至大家并不太关心他。有时候，他利用晚上的时间在一家无产者出没的小咖啡馆里举行会议：至多不过有15到20人来参加，并且大多是年轻人。因此，人们对待这位有些怪癖的人，就如同对待那些整日喝茶和争论不休、情绪偏激的俄国流亡者一样。采取容忍的态度，总之，并没有人重视这个表情严肃、身材矮小的人。

在苏黎世，认为记住这个住在修鞋匠家里的人的名字——弗拉基米尔·伊里奇·乌里扬诺夫是重要的，不到三四十人，可以说，假使当时那些飞快地穿梭于各个使馆间的高级轿车中的一辆，偶然在大街上撞死了这个人，那么世界上的人都不会知道他是谁，既不会知道他是乌里扬诺夫，也不会知道他是列宁。

实现……

1917年3月15日，苏黎世图书馆的管理员感到有些奇怪。已经9点了，而那个最准时的借书者平日坐的位置还是空的。眼看到九点半了，到10点了，那个好学不倦的人还没有来。他不会再来了。因为在他来图书馆的路上，一位俄国朋友用他的谈话把他留住了。或者更准确地说，俄国爆发革命的消息打乱了他的全部计划。

列宁一开始不敢相信这是真的。这个消息惊呆了他，但随后他便迈着短促而迅速的脚步赶往苏黎世湖滨的报亭。这以后，几乎每天、每个小时他都守候在那里或报馆门前。消息是确切的，事实是真实的，并且他感觉消息一天比一天真实得令人振奋。最初传来的只是一些不确切的消息，说发生了一次宫廷政变，好像只是更换了内阁；然后传来消息说：沙皇被废黜了，临时政府成立，接着又传来杜马开会那天的消息；俄国自由了；政治犯获大赦——所有这些，都是他多年来梦寐以求的。20年来。他在秘密组织里、在监狱里、在西伯利亚、在流亡中所为之奋斗的一切，今天终于实现了。蓦然间，他觉得那些在这一次世界大战中死亡的数百万人的血没有白流，他们不是无谓的牺牲品，而是为了获得一个自由、平等和永久和平的新国家而献身的殉道者。如今，这样一个新国家已经诞生了。想到这些，这个平素总是极为冷静和清醒的梦想家不禁如醉如痴。

可以回到俄国老家去了！这一振奋人心的消息也同样鼓舞着在日内瓦、洛桑、伯尔尼的其他数百名蛰居一隅的流亡者。他们为之欢呼雀跃，因为现在，他们不再需要用假护照，隐姓埋名，冒着被处以死刑的风险回到沙皇帝国去，而是以自由公民的身份回到自己的国土上去。他们全都在打点着自己简陋的行装，因为报上赫然刊登着高尔基言简意赅的电文："大家都回家吧！"于是，他们向各地发出信件和电报：回家。回家吧！集合起来！团结起来！为了他们自觉醒以来便为之奋斗终生的事业——俄国革命，再一次献身吧！

……和失望

然而，几天后他们惊诧地发现：俄国革命的消息虽然令他们欢欣鼓舞，但这次革命并非他们所梦想的那种革命，谈不上是属于俄国的一次革命。因为它只是为了阻止沙皇与德国媾和，由英国和法国的外交官们策动的一次反对沙皇的宫廷政变。它并不是人民为和平与权利而进行的革命，也不是他们毕生为之奋斗、准备为之献生的那种革命，它只是好战的党派、帝国主义分子和将军们为避免别人破坏自己的计划而策划的一次隐没活动。而且不久，列宁和他的同志们便认识到：让大家都回去的许诺并不适用于他们这些人——这些要进行一场激烈的、卡尔·马克思式的真正革命的人。

米留可夫及其他的自由派人物已经发出指令要阻止他们回国。一方面，他们只迎接那些有利于继续进行战争的属于温和派的社会主义者回国，例如普列汉诺夫便是在护送人员的陪同下乘坐鱼雷艇，极为体面地从美国回到彼得堡；另一方面，他们却把托洛茨基截留在哈利法克斯。拒绝其他的属于激进派的人员进入国境。所有协约国的边境线上的关卡哨所，都有一份黑名单。上面记录着所有参加过第三国际齐美尔瓦尔德会议全体人员的名字。列宁怀着最后的希望向彼得堡接连拍去一封封电报，但这些电报或是中途被扣，或是被置之不理。

苏黎世没有谁知道他，欧洲也几乎没有人知道他，但在俄国，人们却非常清楚地知道：弗拉基米尔·伊里奇·列宁，对于他的反对者来说，是多么顽强有力，多么坚忍不拔，又是多么致命的危险人物。这些被拒于国门之外的人真是无计可施，沮丧绝望。多年来，在伦敦、巴黎、维也纳的总部里，他们举行过无数次的会议，制订了自己的俄国革命的战略，他们仔细研究、尝试，认真讨论过组织工作中的每个细节。十多年来，他们在自己的刊物上互相辩论过俄国革命在理论上和实践上面对的种种困难、危险以及各种可能性。而列宁一生所思考的．就是关于俄国革命的总体构想；并且经过不断修改，让这个构想日臻完善。可是此时此刻，由于被阻留在瑞士，他所构想的革命将面临着被其他一些人篡改和搞糟的境地，他知道那些人不过是假借解放人民的崇高名义，实质上是为外国人谋利益，为外国人效劳。

兴登堡在他四十年的戎马生涯中，可谓掌管支配着德国军队的行动大权。而在第一次世界大战爆发时，他却只能身穿平民服装待在家里，在地图上用小旗标出参战将军们的战役进展与失误。列宁在这一段时期的命运与兴登堡的际遇竟是如此相似。这个素日里最为坚决彻底的现实主义者——列宁，也竟然在这令人绝望的日子里做起不着边际的白日梦来：能不能租一架飞机，飞越过德国和奥地利？

然而，第一个登门造访表示愿意为他提供帮助的人，竟然是一个间谍。于是，在他的内心里又萌生了潜逃的念头。他往瑞典寄信，请人想办法给他弄一张瑞典的护照，他甚至还想过伪装成哑巴，这样可以免受盘问。不过，在夜里可以产生各种各样的无比丰富的联想，而到了第二天早晨醒来时，连他自己都明白这些想法是根本难以付诸实施的。只是，在白天里他仍清楚地意识到：必须回到俄国去！必须由自己来进行自己的革命，而不能由他人代理！他必须去发动一场真正意义上的革命。而非那种政权上的更迭！他必须回去，必须马上回去，不惜任何代价也要回到俄国去！

取道德国——行不行?

瑞士被意大利、法国、德国和奥地利环绕着。身为革命者的列宁是无法取道协约国的。而作为俄国的子民，即一个敌国的公民想取道德国也是行不通的。然而，事实上有一件令人感到十分荒唐的事是：威廉皇帝的德国却比米留可夫的俄国和普安卡雷的法国对列宁表现得更为热情和友好。由于德国想在美国宣布参战之前不惜任何代价与俄国媾和。因此，对德国人而言，一位能在俄国给英国和法国的使节们带来无数麻烦的革命者，无疑是一个极受欢迎的帮手。

然而，列宁在自己以前的文章中曾对威廉皇帝的德国进行过无数次的谴责和批判，而如今却突然要与这个国家谈判，显然，要走这一步棋，需要承担的不是一般的责任。因为按照当时的道德观念，于战争期间获得敌国军事参谋部的同意，进入并穿越敌国的领土，属于一种叛国的行为。而列宁自己也清醒地意识到，这一行动从一开始便会使自己的党和自己的事业受到诋毁。他自身将受到质疑，他会被认定为是一个被派往俄国去的由德国政府收买和雇佣的间谍。而且，他一旦实现了自己的立即媾和的纲领，那么他就会成为历史永远的罪人，人们将指责他阻碍了俄国获取真正的胜利与和平。因此当他宣布说，在无路可走时，他准备走这条最危险、最足以使自己身败名裂的一步棋时，不光是那些温和的革命者，连大多数与列宁志同道合的同志，也都为之震惊。他们有些不知所措地安慰列宁说：瑞士的社会民主党人已经开始准备谈判，争取通过交换战俘这种合法而又能掩人耳目的方式将俄国革命者送回去。但列宁心里明白，这条路会是多么漫长，俄国政府将会蓄意设置种种人为的障碍阻止他们返回，事情会拖到遥遥无期。而现在的每一天、每一个小时都事关全局，分外紧迫。于是，他决心铤而走险，执意去做这种若按现在的法律观念衡量，会被视为背叛的事情。对于那种缺乏魄力和胆识的人来说，是不敢做这种事的。但列宁却下定决心，并情愿由他个人承担一切责任，同德国政府进行谈判。

协 定

列宁深知自己走的这一步会引起震动，遭到攻击，因此，他要尽可能公开行事。瑞士工会书记弗里茨·普拉廷受他的委托去找德国公使进行磋商，转达列宁提出的条件，而这位公使此前就已经与俄国流亡者展开过一般性谈判。现在，这个身材矮小、缺乏知名度的流亡者似乎已预知自己将获权威。他压根儿就没有向德国政府提什么请求，而是直接向德国政府提出条件，说只有在如此的条件下，俄国旅客才考虑接受德国政府提供的方便：即承认车厢的治外法权；上下车时不得查验护照和个人；俄国旅客按正常票价自己来支付旅费；不得以任何理由和方式让旅客离开车厢。罗姆贝尔格大臣如实上报了这些条件，一直呈递给鲁登道夫，无疑，这些条件得到了他的首肯，尽管他在回忆录中，对这次具有世界历史意义的、或许是他此生中最为重要的决定只字未提。

德国公使本打算修改某些细节，因为列宁有意将协议写得模棱两可。其目的是使与他同车的奥地利人拉狄克也能免受检查，只是由于德国政府也像列宁那样着急，因为就在4月5日这天，美利坚合众国向德国宣战了，所以德国公使只能就此作罢。

于是，在4月6日中午，弗里茨·普拉廷得到了这样一个具有纪念意义的通知：“一切按所表示的愿望进行。”1917年4月9日下午两点半，一小群拎着箱子、衣着寒酸的人离开蔡林格霍夫餐馆，前往苏黎世火车站。总共是32人，其中有妇女和儿童，男人中只有列宁、季诺维也夫、拉狄克的名字流传后世。在那家餐馆，他们一起吃了顿简便的午餐，并且一起签署了一份文件。由于他们都已知晓《小巴黎人》报上刊登的这样一条报道：俄国临时政府将把这些穿越德国领土的旅客视为叛国者。因此他们都用粗大率直的字体签名，以示他们自己对此次旅行承担全部责任及同意所有条件。现在，他们沉默而坚定地踏上了这具有世界历史意义的旅程。

当他们抵达火车站时，并未引起任何注意。既没有新闻记者，也没有摄影记者，因为在瑞士有谁认识这位乌里扬诺夫先生呢？他头戴一顶压得皱巴巴的帽子，脚上穿一双粗笨可笑的矿工鞋（这双鞋一直穿到瑞典），夹杂在一群拎箱提篮的男人女人中间，默默地、毫不引人注意地在列车里找了一个座位坐下来。看上去，这些人与那些来自南斯拉夫、鲁登尼亚、罗马尼亚的移民并无二致，那些移民常常在赶往法国海岸并在那里渡海之前，在苏黎世坐在自己的木箱上歇息几个小时。由于瑞士的工人政党不赞成这次旅行，因此未派代表来；只有几个为了让他们给故乡的人捎去一点食物和问候的俄国人来送行。不过，还有几个人也赶来了，他们想在列车启动前最后几分钟，劝列宁放弃这次“没有必要的、违法的旅行。”然而一切都无法改变了。3点10分，列车员发出信号，列车隆隆地驶向德国边境的哥特马丁根车站。3点10分，从这一时刻开始，世界时钟的节奏改变了。

封闭的列车

在这次世界大战中，已发射出数以百万计威力巨大的炮弹，这些冲击力极大、毁灭性极强、射程极远的炮弹是由工程师们设计出来的。然而，在近代史上，可以说没有一发炮弹能像这列火车那样，射程如此遥远。意义如此重大。此刻，这列火车载着本世纪最危险、最果敢的革命者从瑞士边境出发了。它要穿越整个德国，驶往彼得堡，要到那里去摧毁时代的秩序。

此时此刻，这一枚独特的炮弹就停在哥特马丁根火车站的铁轨上。这是一节分为二等和三等座席的车厢，妇女和儿童坐二等座席，男人们坐三等座席。在车厢的地板上用粉笔画着一道线，这是俄国人领地和那两个德国军官的包厢之间的分界线，那两个军官是负责护送这批活的烈性炸药的。列车平安地行驶了一夜。在法兰克福，忽然跑过来几个德国士兵——他们事先得到俄国革命者要经过此地的消息，还有几个德国民主党人试图和这些旅行者交谈，但都被拒绝登上列车。列宁非常明白，在德国的领土上哪怕只要和一个德国人说上一句话，都将会为自己招致猜疑。在瑞典，他们受到热烈的欢迎，他们在那里吃了早餐。当这些饥饿的人拥向餐桌时，桌上的黄油面包好像出现的奇迹一般令他们惊喜过望。早餐后，列宁为了换下那双笨重的矿工鞋，不得不去买了一双新鞋和几件新衣服。现在，终于抵达俄国边境了。

这一炮击中了

列宁在俄国土地上的第一个举动，将他的性格特点表现得淋漓尽致：他没有朝任何人看一眼，就一头扎进报纸堆里。虽然他已离开俄国14年了，已经有14年没有见过自己的故土、国旗和士兵的军装。但这个意志力非凡的思想家并未像其他人那样泪流满面，也不像同行的妇人们那样去拥抱那些被弄得莫名其妙的士兵们。他首先要研究报纸，要看看《真理报》，要检查这份报纸是否还在矢志不移地维护国际主义立场。不，它并没有坚持足够的国际主义立场。他愤然地把《真理报》揉成一团，报纸的字里行间始终充斥着“祖国”呀、“爱国主义”呀这类词句，而他思想中那种纯粹的革命却谈得很不够。他知道自己回来得正是时候，他要扭转航船的舵轮，实现自己毕生的理想，无论是赢得胜利还是招致毁灭。可是，他能够如愿以偿吗？他感到没有把握，并且有些担忧，到了彼得格勒——当时这座城市还是这样称呼的，不过为时不会太长了——米

留可夫会不会马上逮捕他呢？对于这个问题，专程前来迎接他的两位朋友——加米涅夫和斯大林——并没在车厢里回答他，或者说他们不愿意回答。他们只是在昏暗的车厢里露出明朗而神秘的微笑，这笑容隐在蒙眬的灯光里，显得有些令人捉摸不定。

很快，事实做出了无声的回答。当列车驶进彼得格勒的芬兰火车站时，成千上万的工人以及手持各种武器前来保卫他的卫队使得站前广场人潮汹涌，他们正在等候这位流亡归来的人。《国际歌》骤然响起，当弗拉基米尔·伊里奇·乌里扬诺夫一走出火车站，这个昨天还住在修鞋匠家中的人，猛然被千百双手拥住，并被人们高举到一辆装甲车上，探照灯的光束从楼房和要塞射出，集中在他身上。就在这辆装甲车上，他对人民发表了他归来后的第一篇演说。每一条大街小巷都在震颤。没过多久，“震撼世界的10天”开始了。这一炮，击中并摧毁了一个帝国、一个世界。